AF430225

This book belongs to...

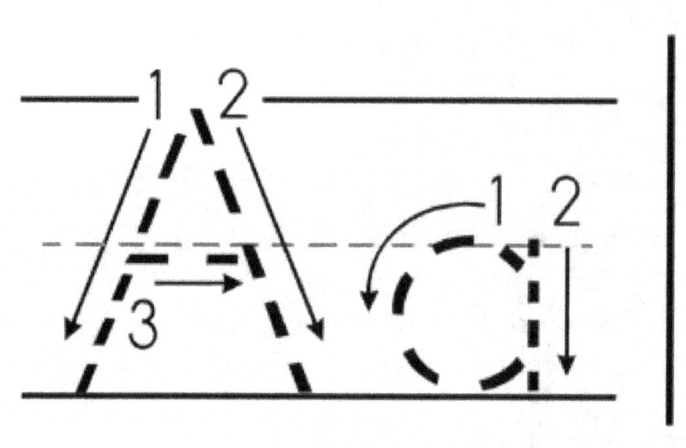 

TRACE THE LETTERS AND WRITE
YOUR OWN ON THE REMAINING LINE

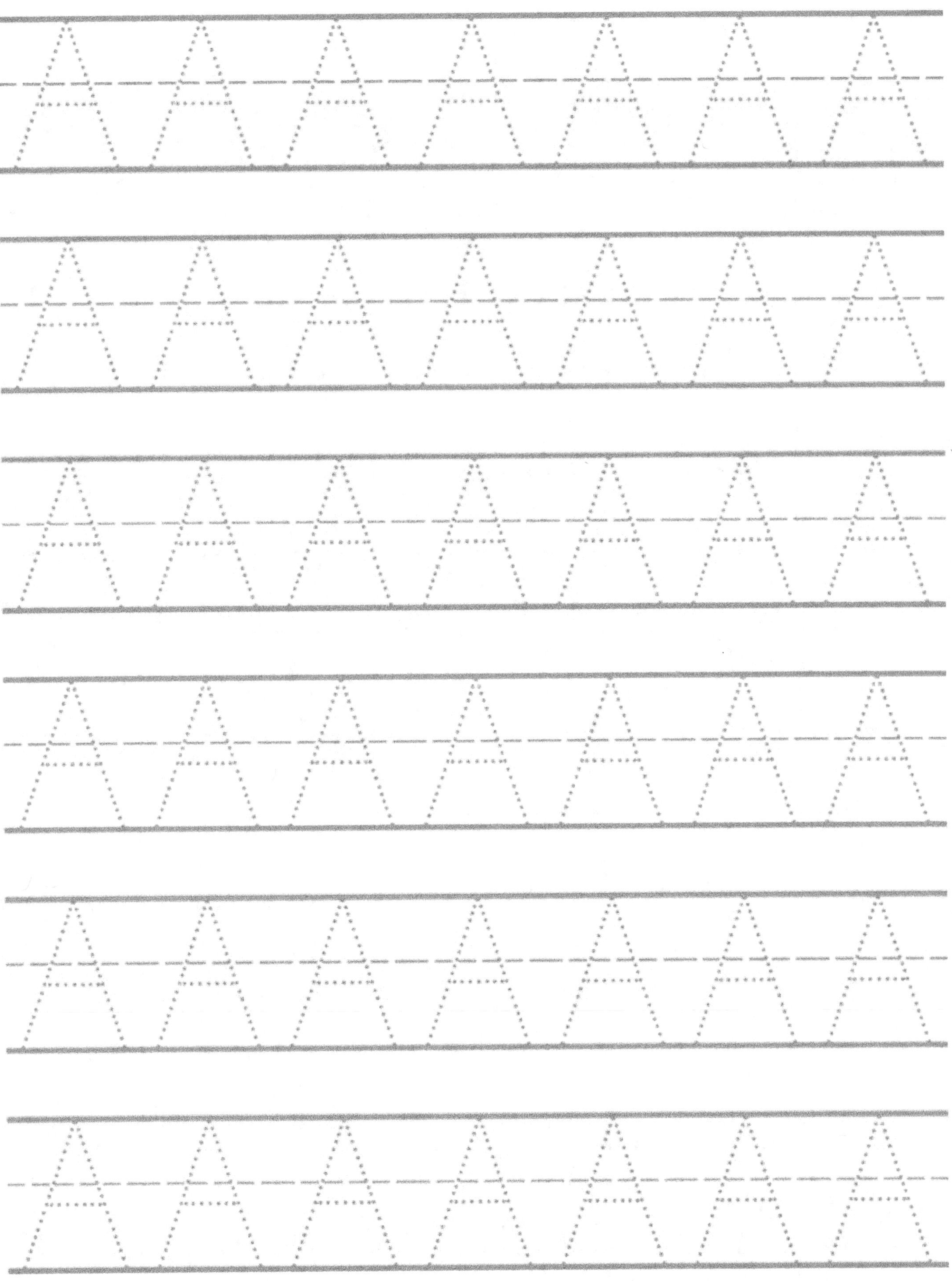

a a a a a a a

a a a a a a a

a a a a a a a

a a a a a a a

a a a a a a a

ANGEL

Trace the letters and write your own on the remaining line.

b b b b b b b

b b b b b b b

b b b b b b b

b b b b b b b

b b b b b b b

b b b b b b b

BELLS

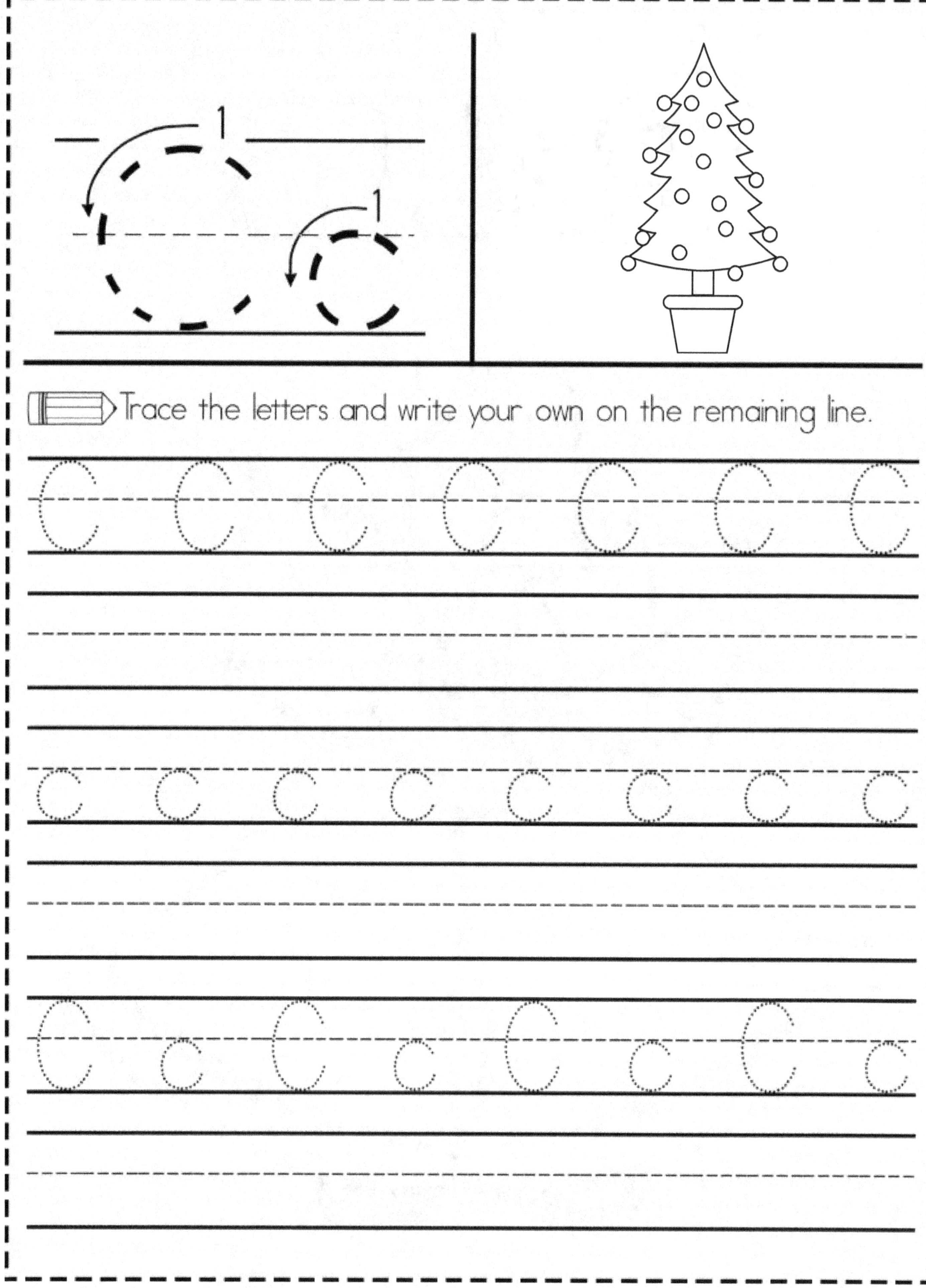

Trace the letters and write your own on the remaining line.

c c c c c c c

c c c c c c c

c c c c c c c

c c c c c c c

c c c c c c c

c c c c c c c

CAROLS

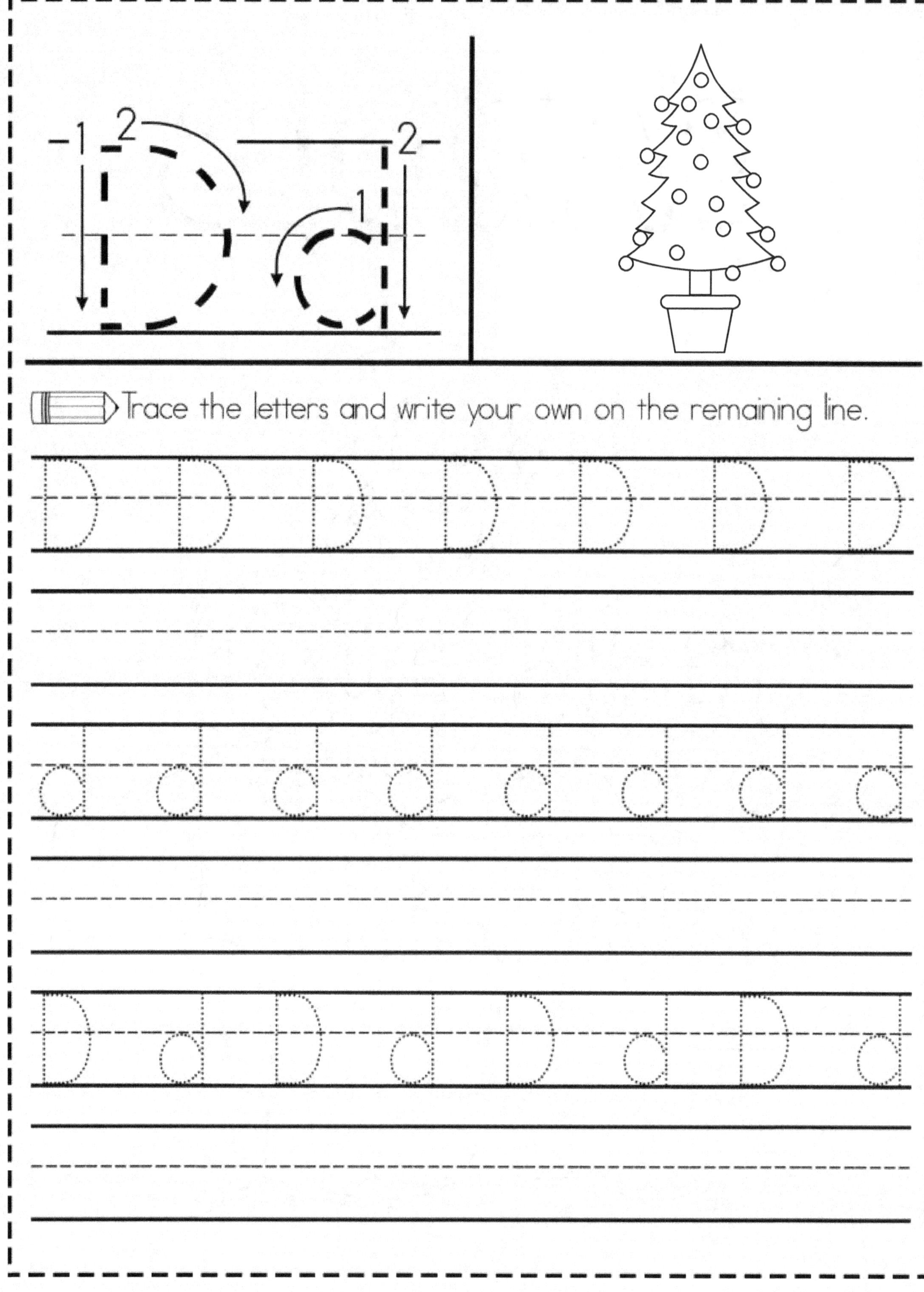

Trace the letters and write your own on the remaining line.

D D D D D D D

D D D D D D D

D D D D D D D

D D D D D D D

D D D D D D D

D D D D D D D

DRUM

Trace the letters and write your own on the remaining line.

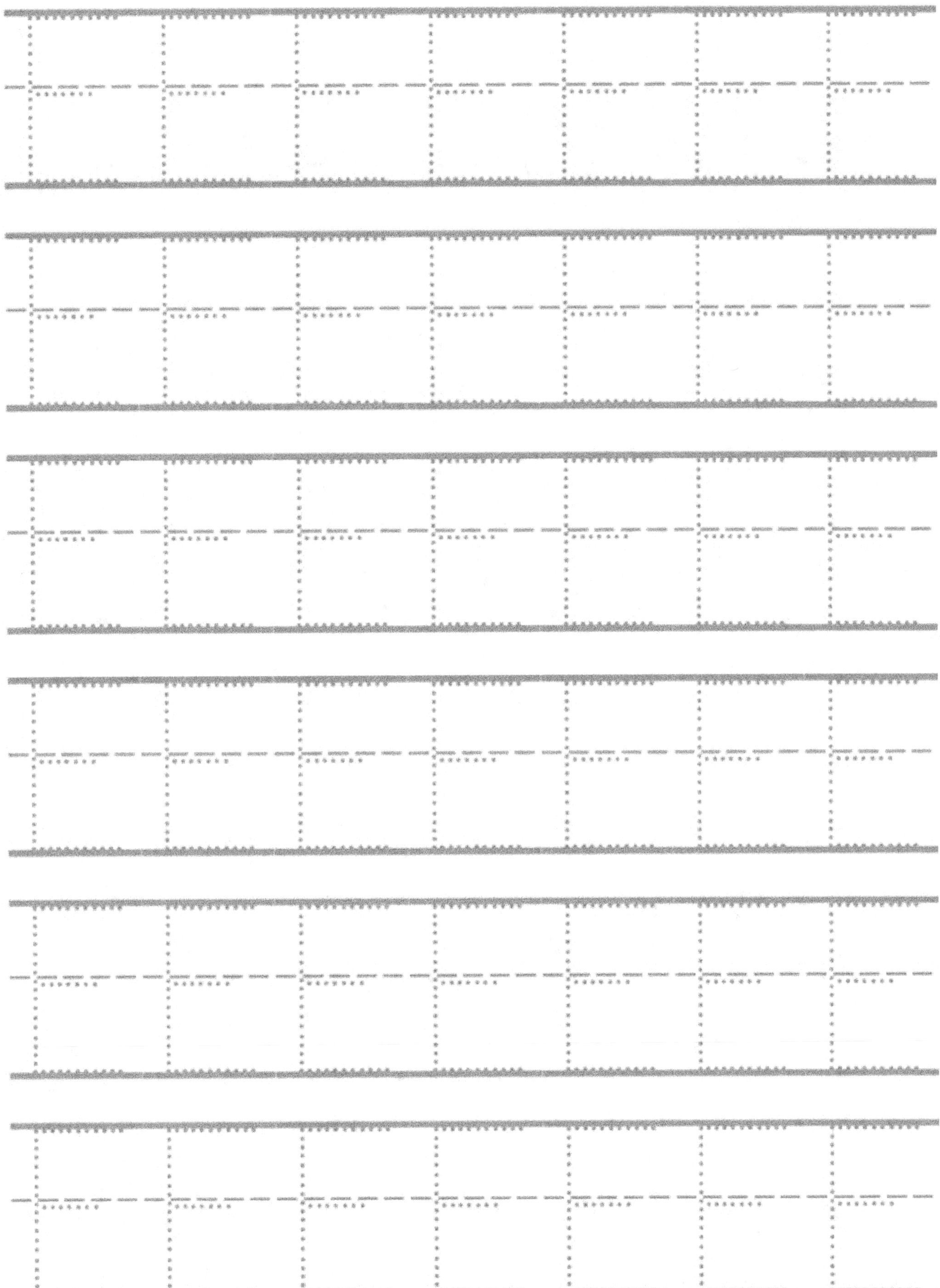

e e e e e e e

e e e e e e e

e e e e e e e

e e e e e e e

e e e e e e e

e e e e e e e

ELF

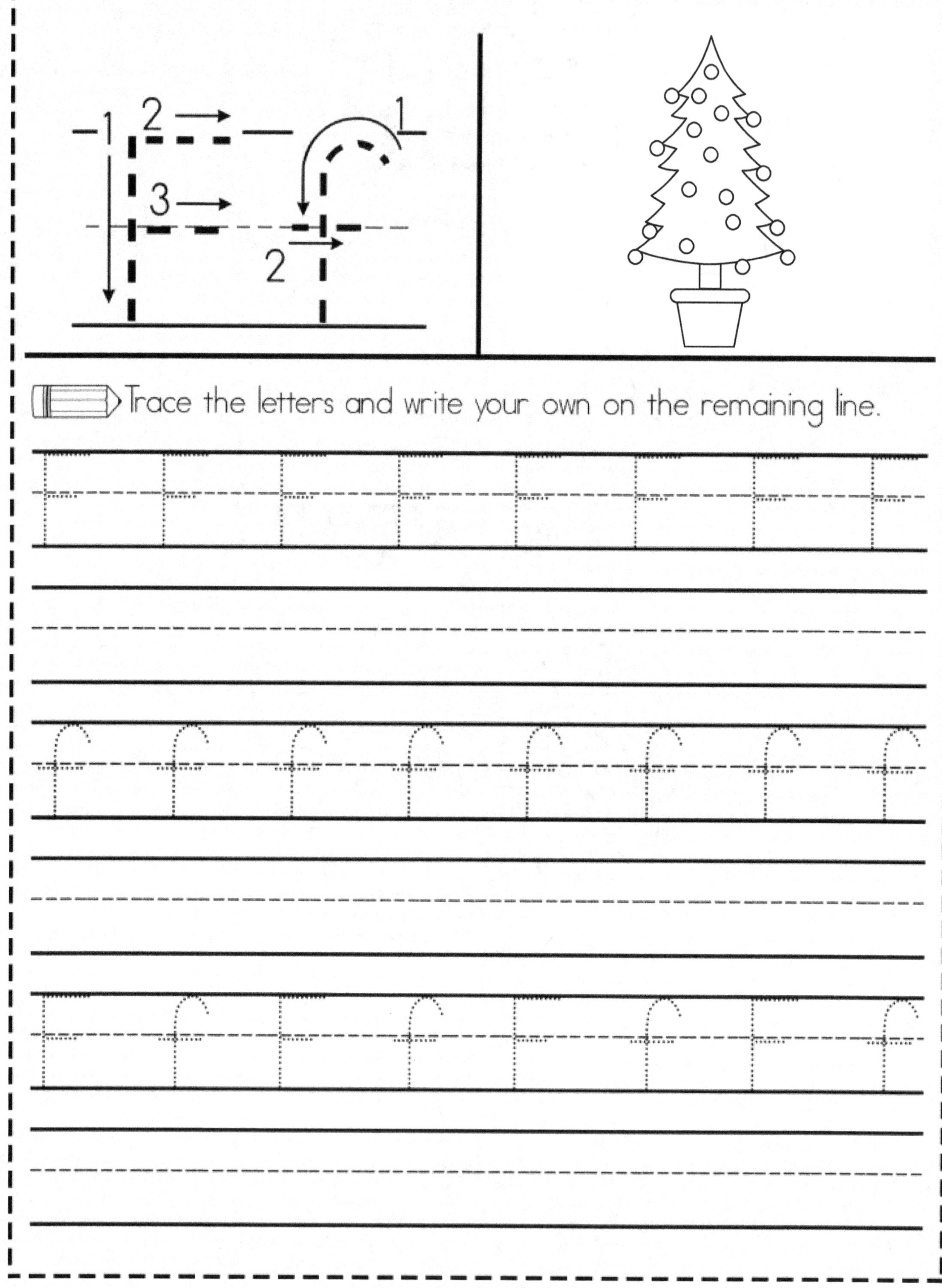

Trace the letters and write your own on the remaining line.

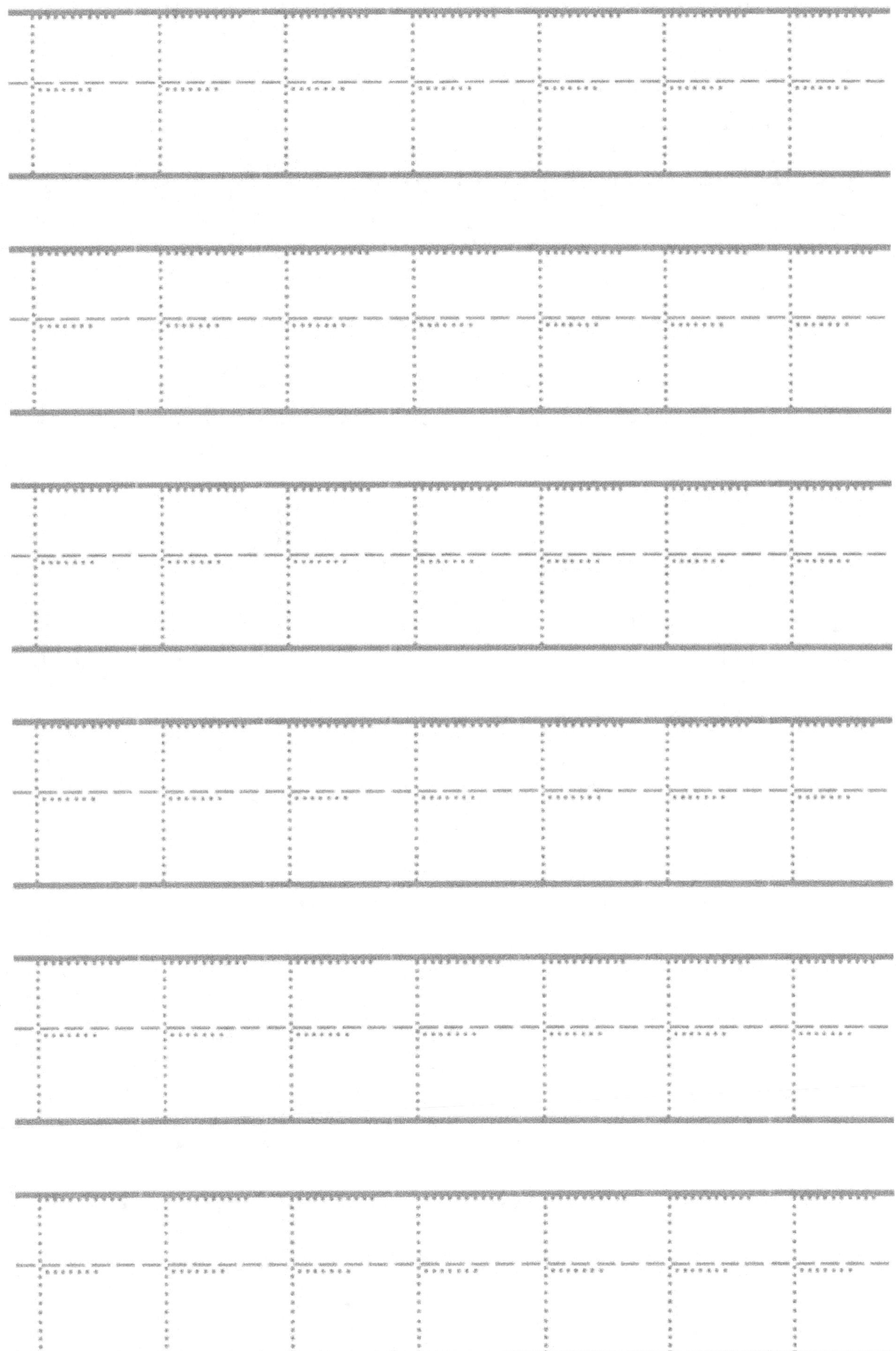

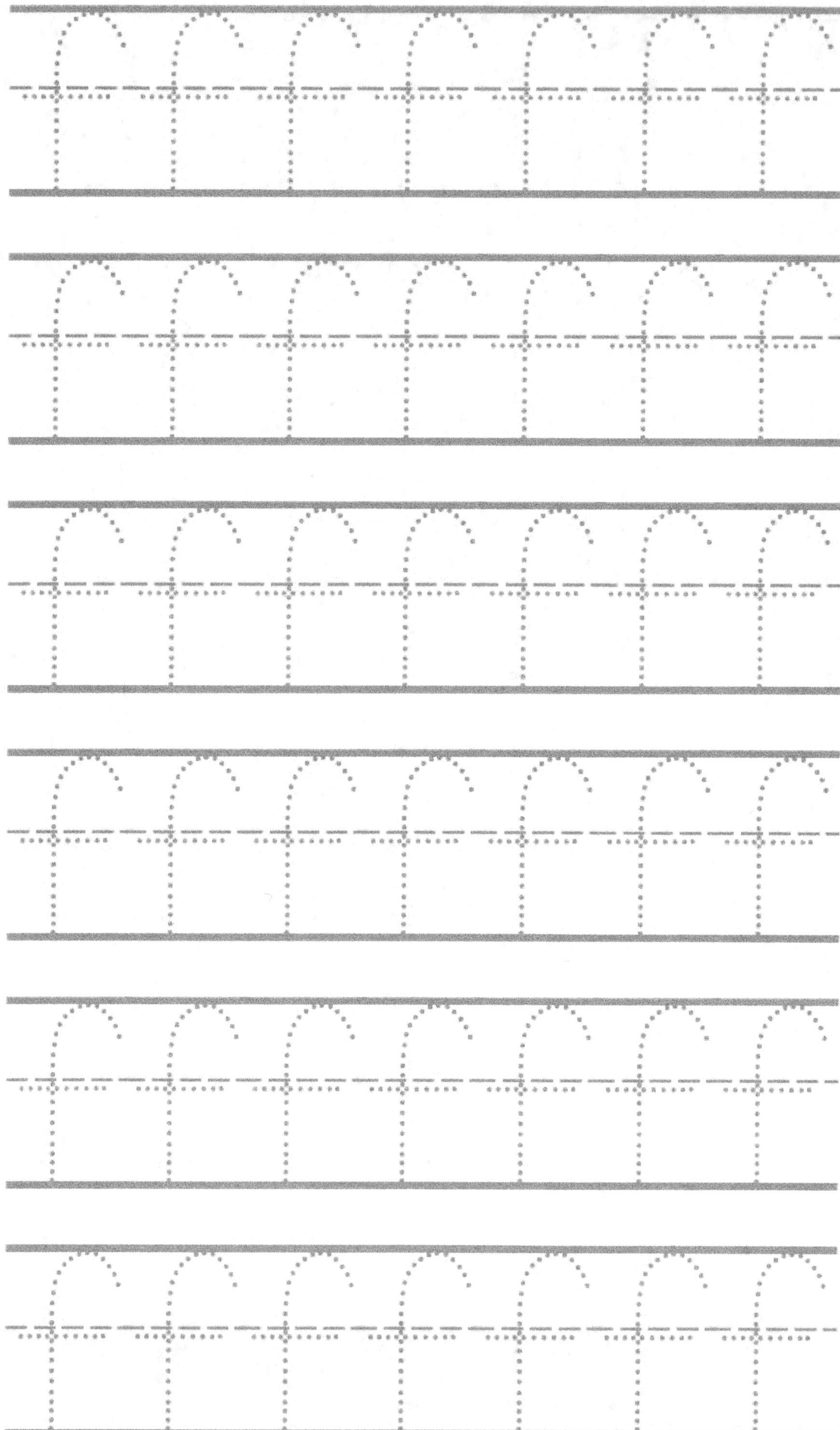

FOOD

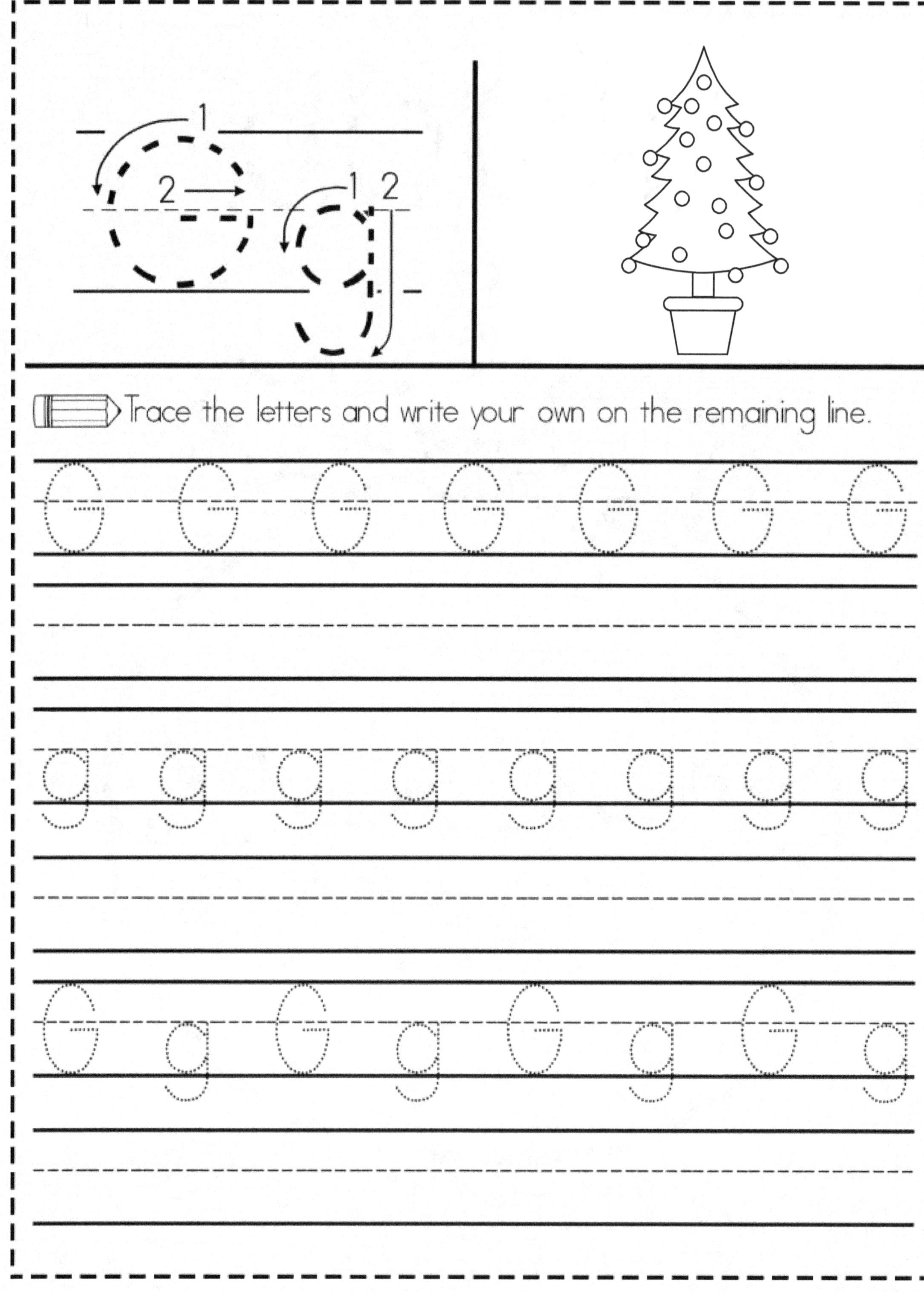

Trace the letters and write your own on the remaining line.

G G G G G G G

G G G G G G G

G G G G G G G

G G G G G G G

G G G G G G G

G G G G G G G

GINGERBREAD

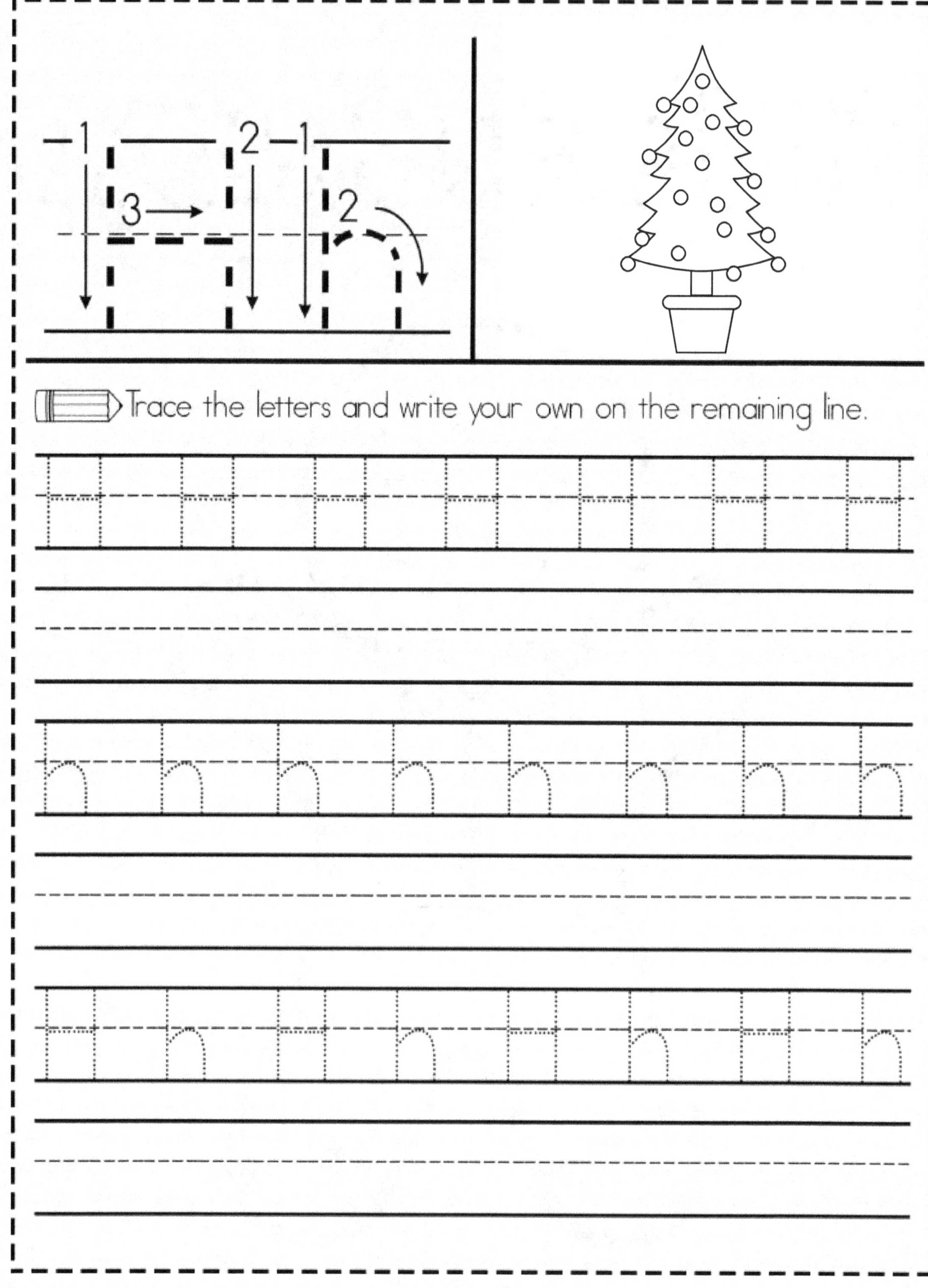

Trace the letters and write your own on the remaining line.

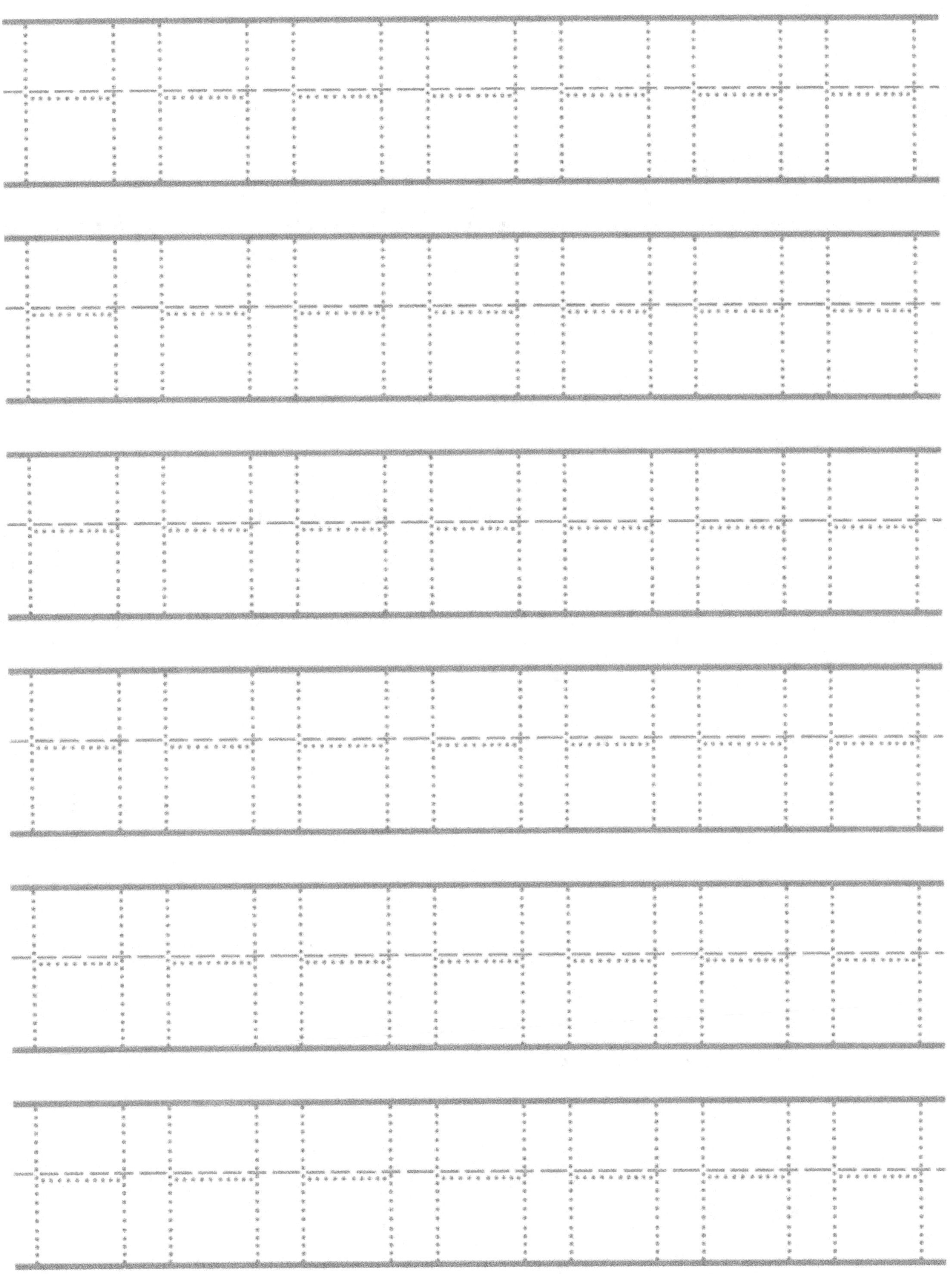

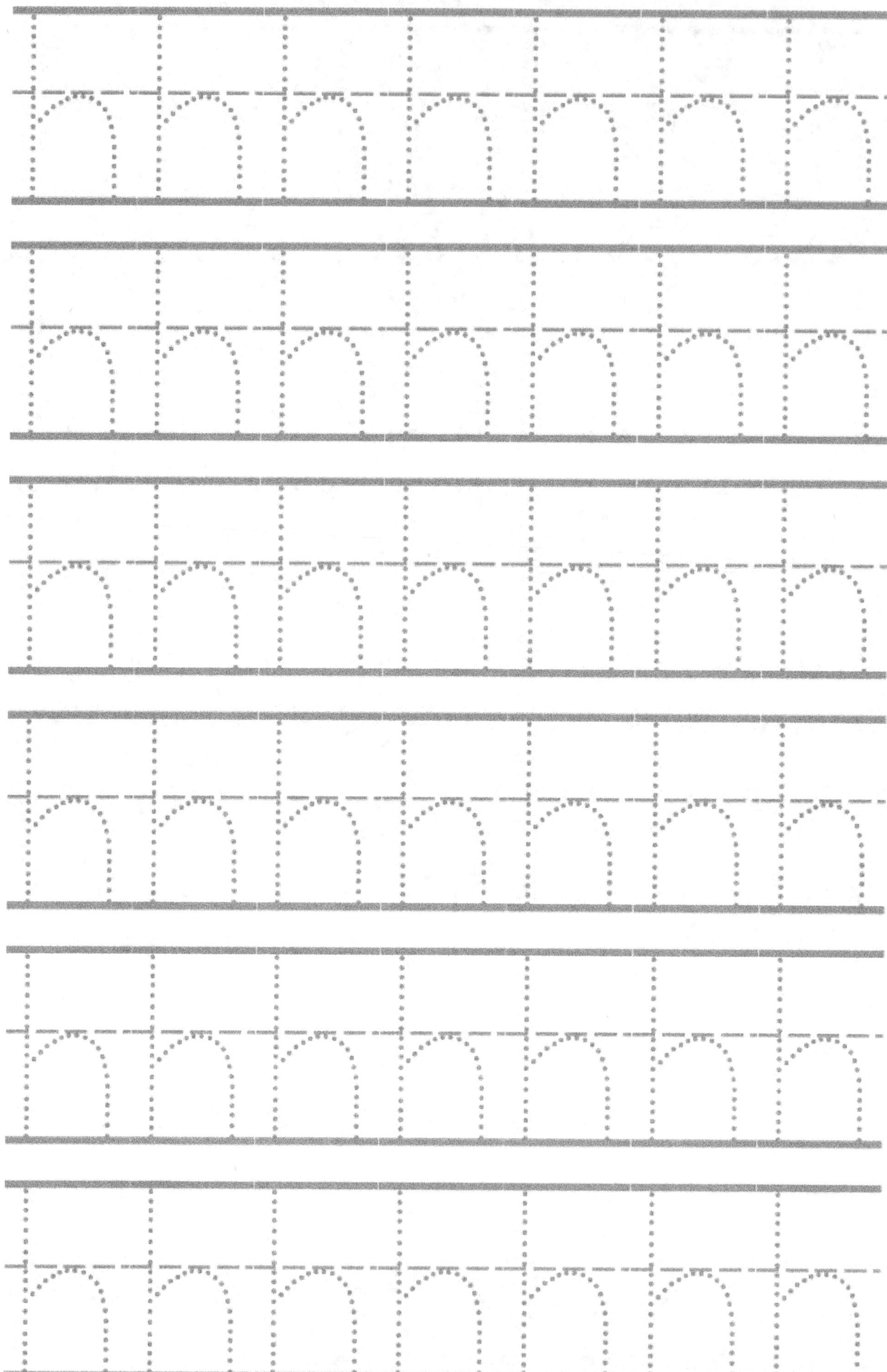

HOLLY

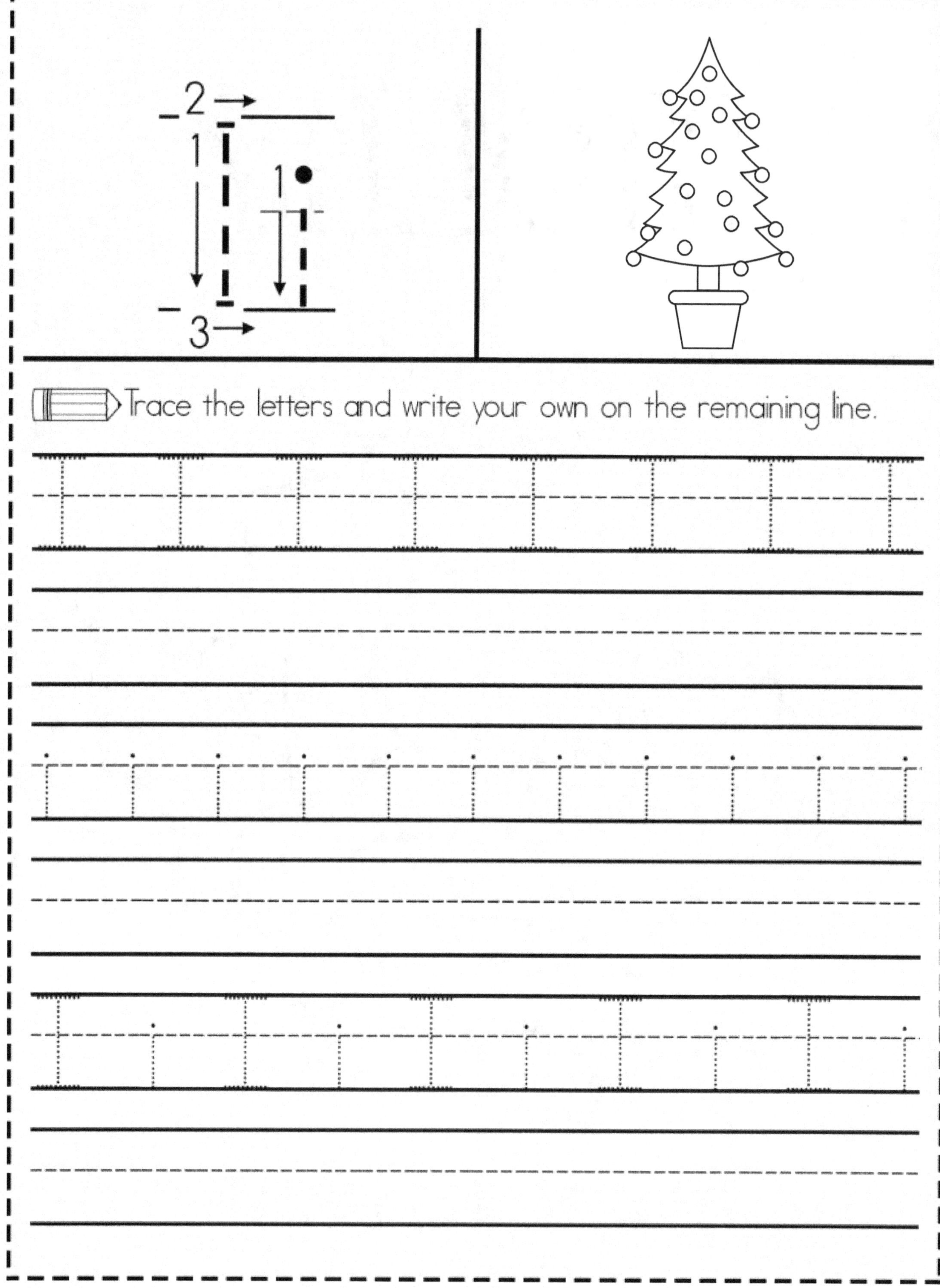

Trace the letters and write your own on the remaining line.

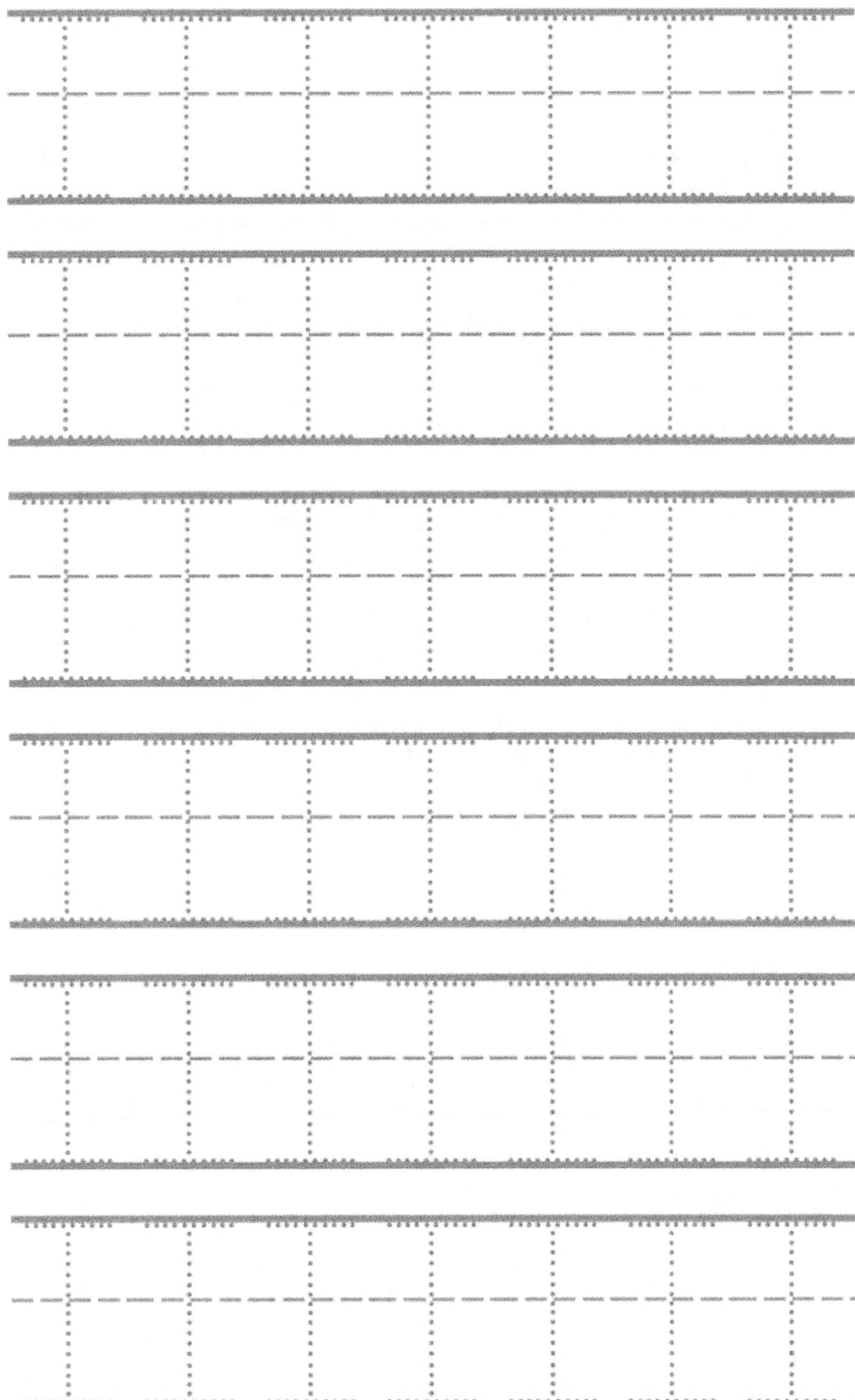

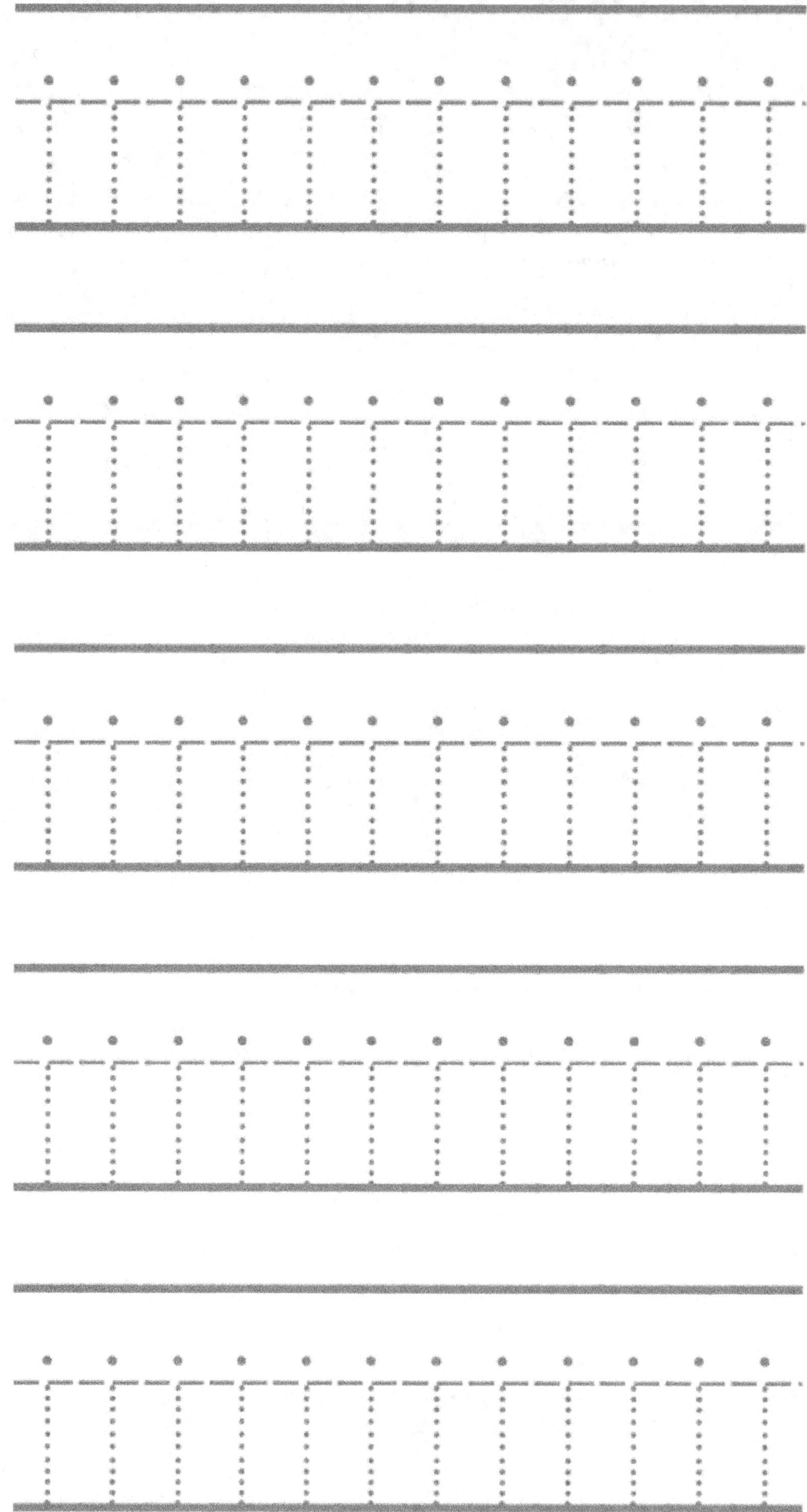

ICE SKATING

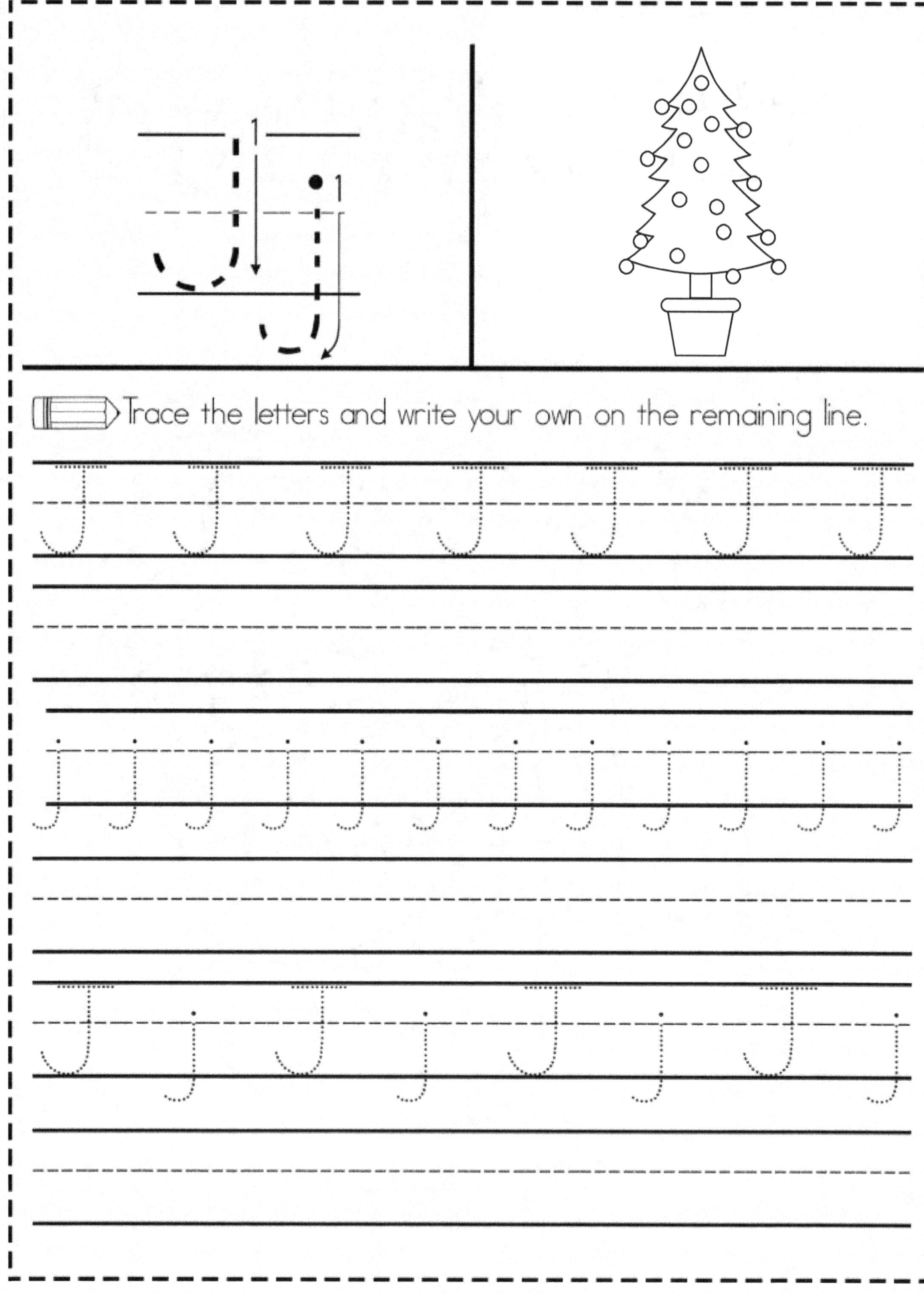

Trace the letters and write your own on the remaining line.

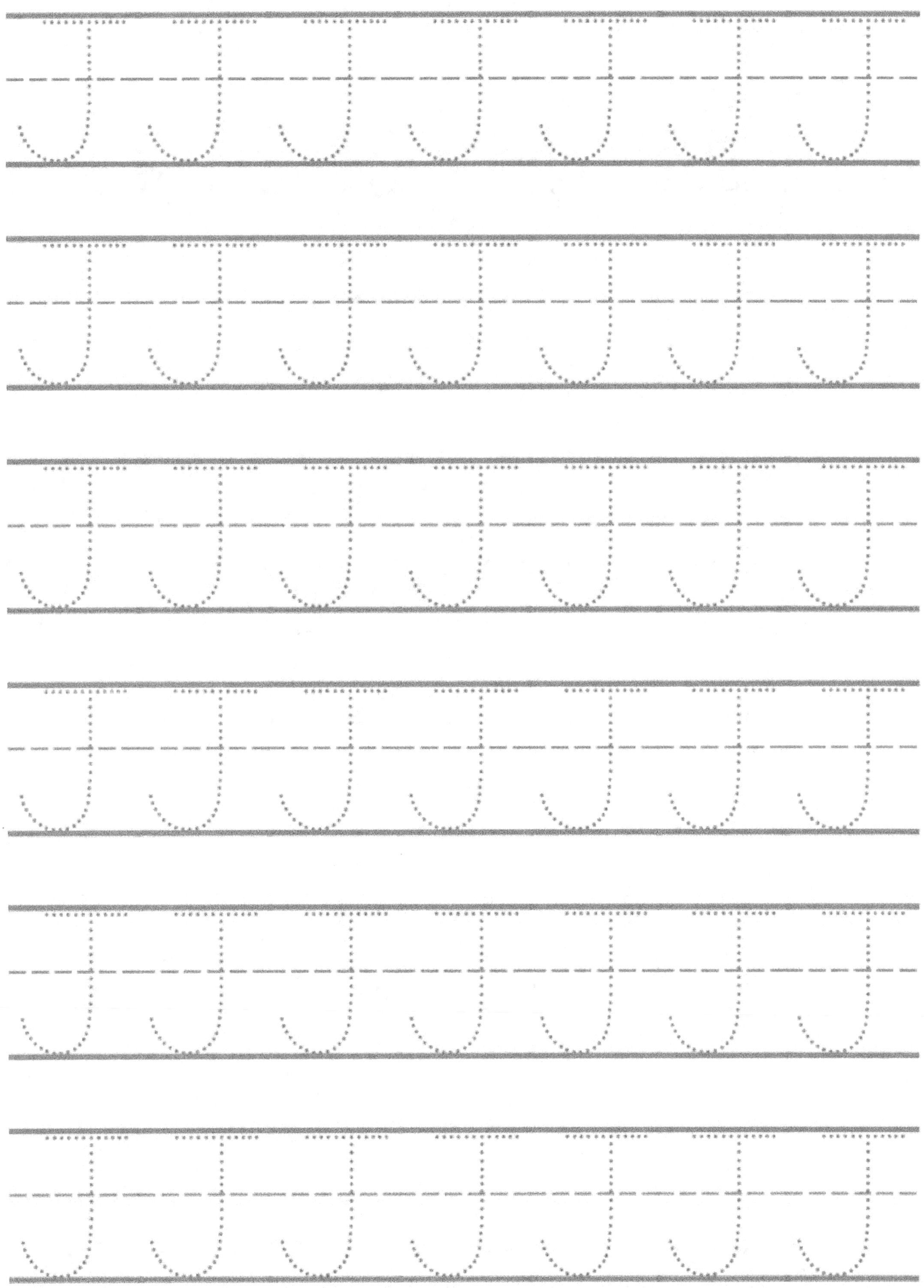

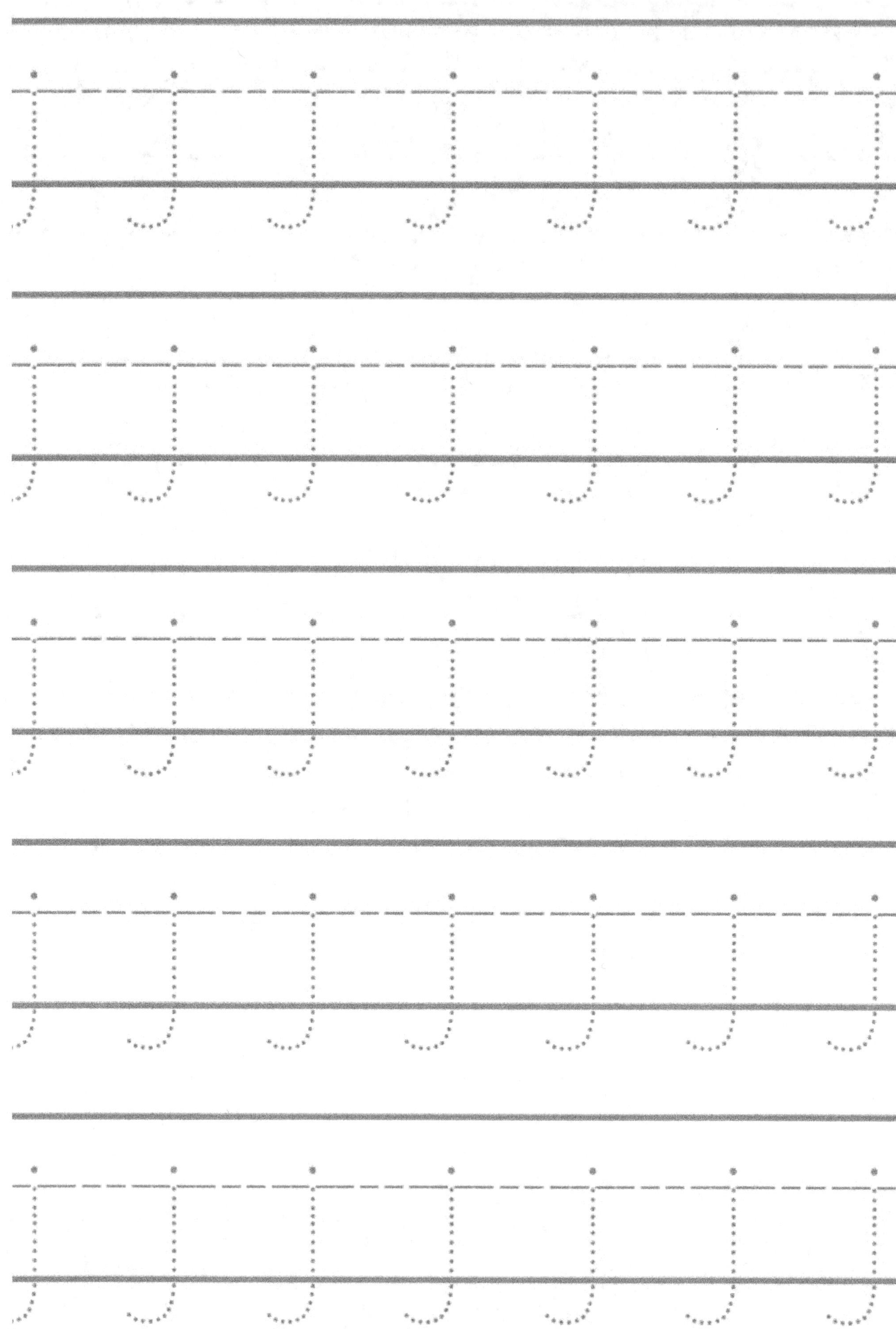

JACK IN THE BOX

Trace the letters and write your own on the remaining line.

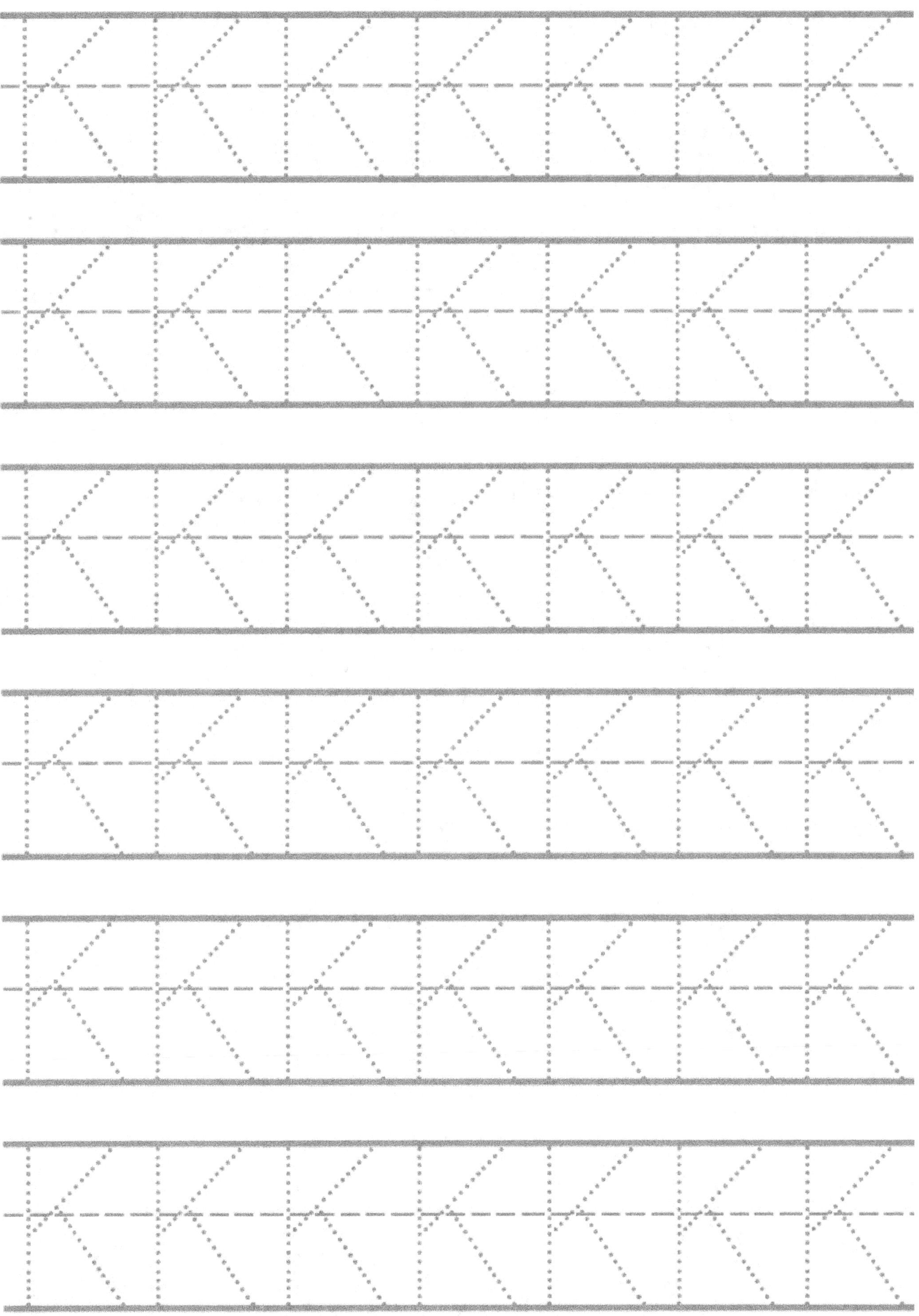

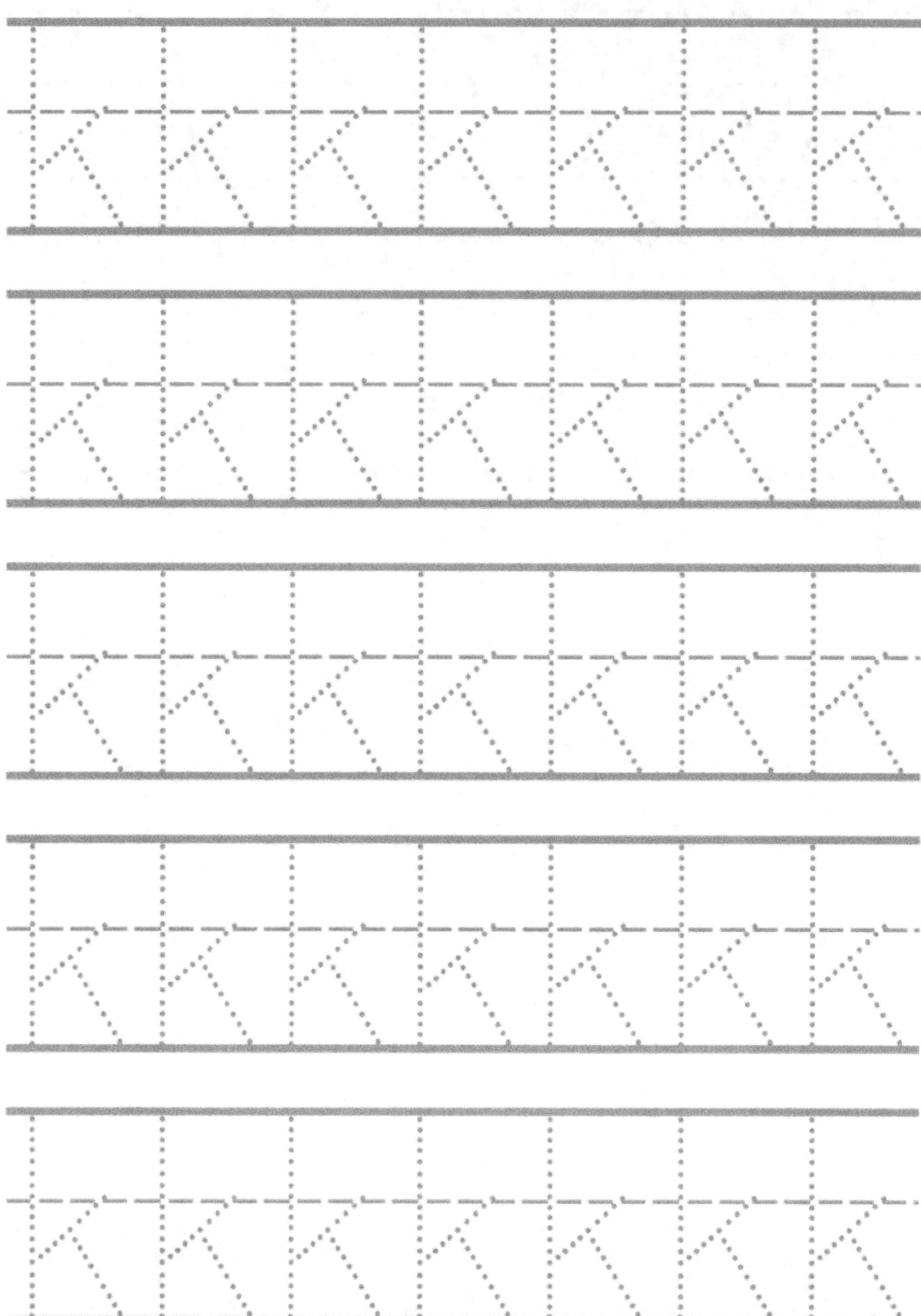

KRIS KRINGLE

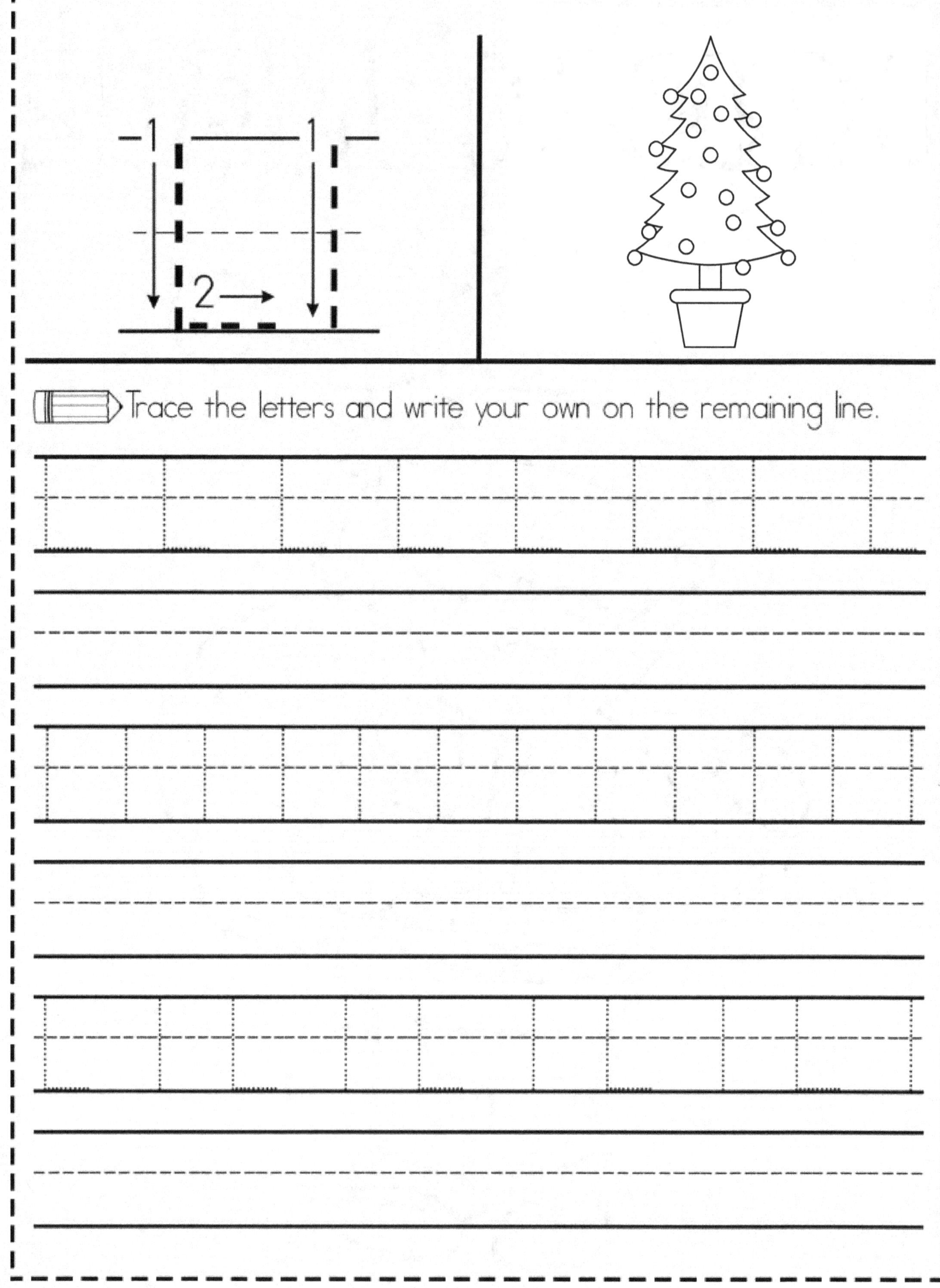

Trace the letters and write your own on the remaining line.

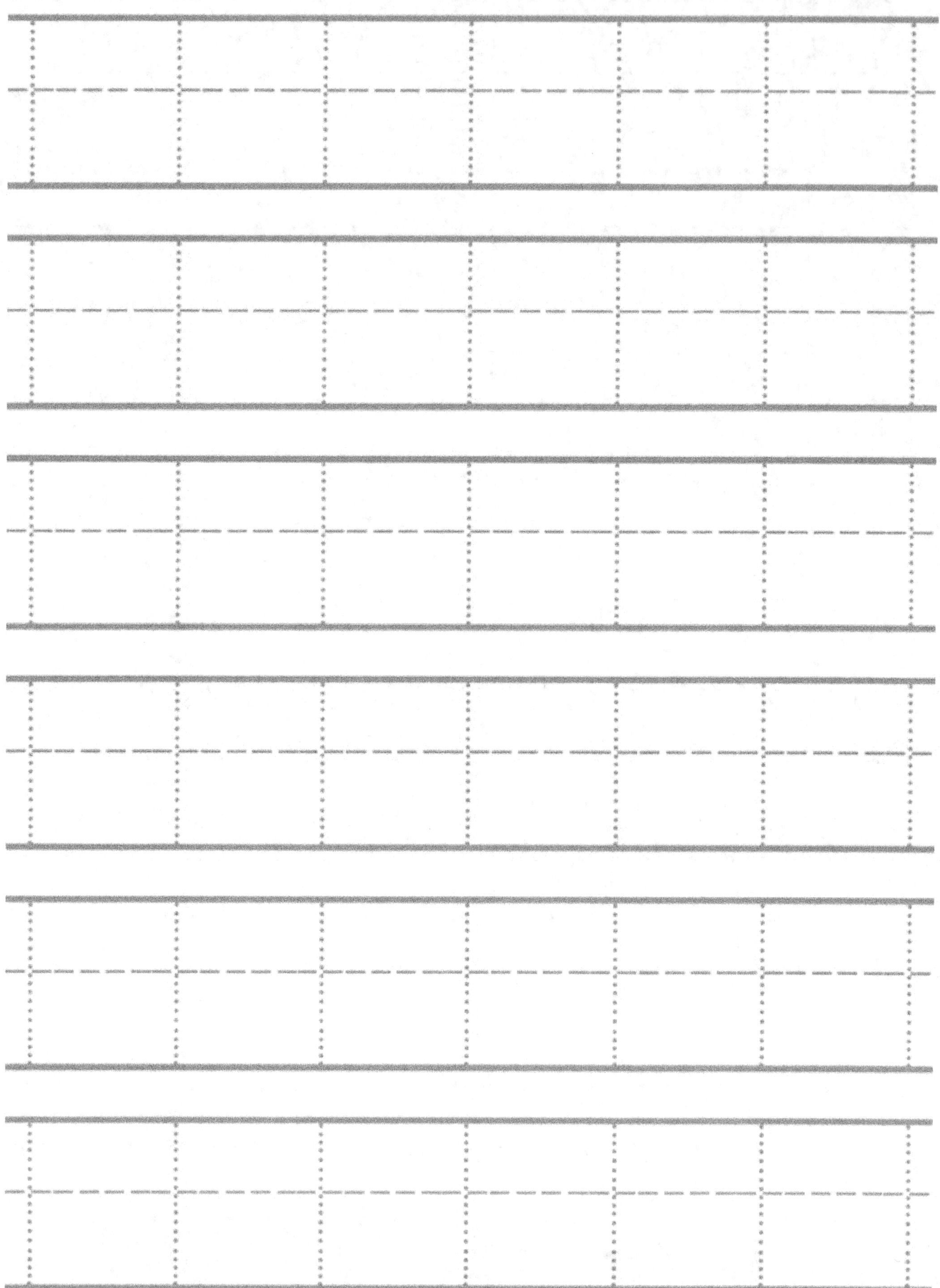

LIST

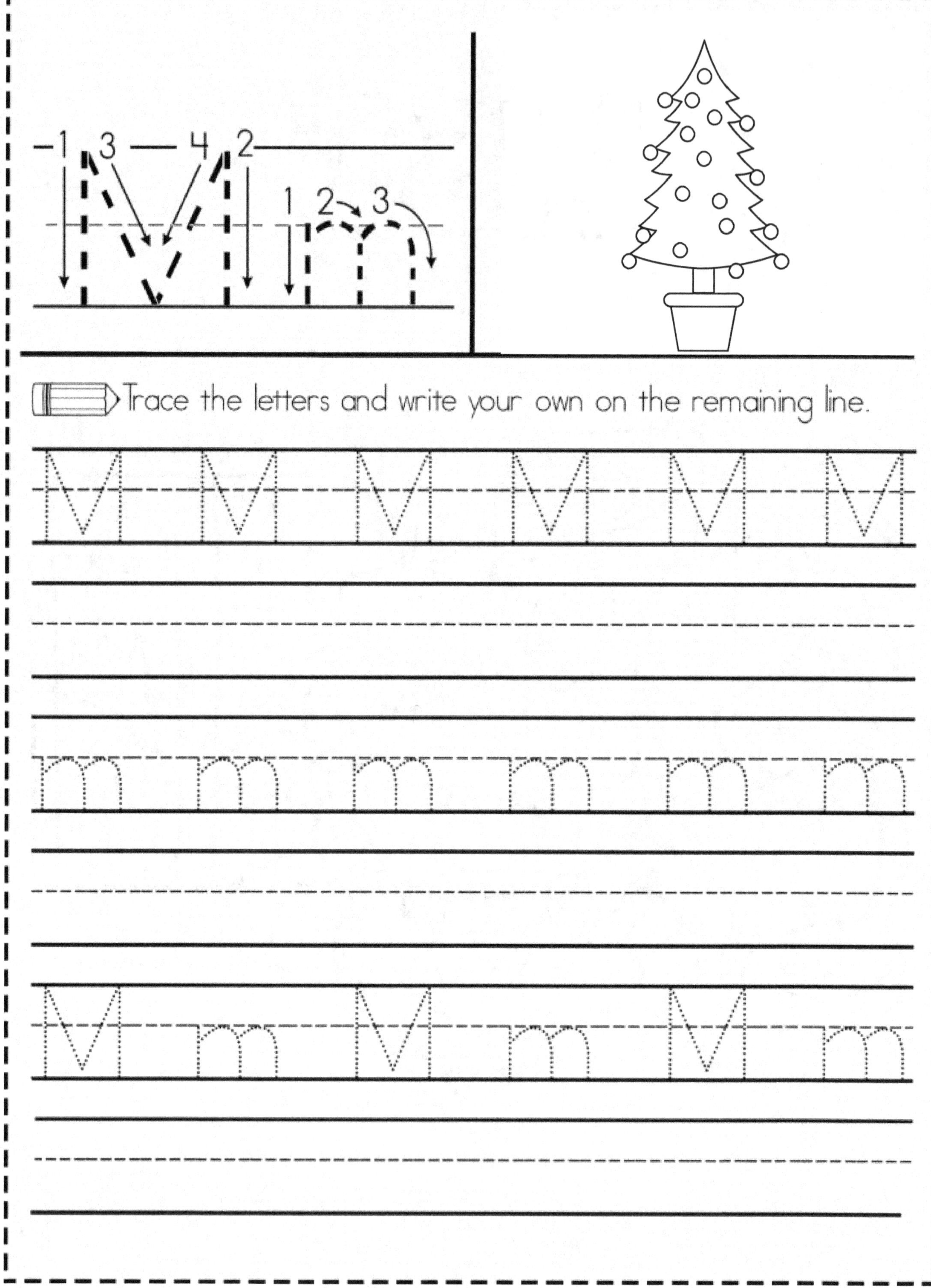

Trace the letters and write your own on the remaining line.

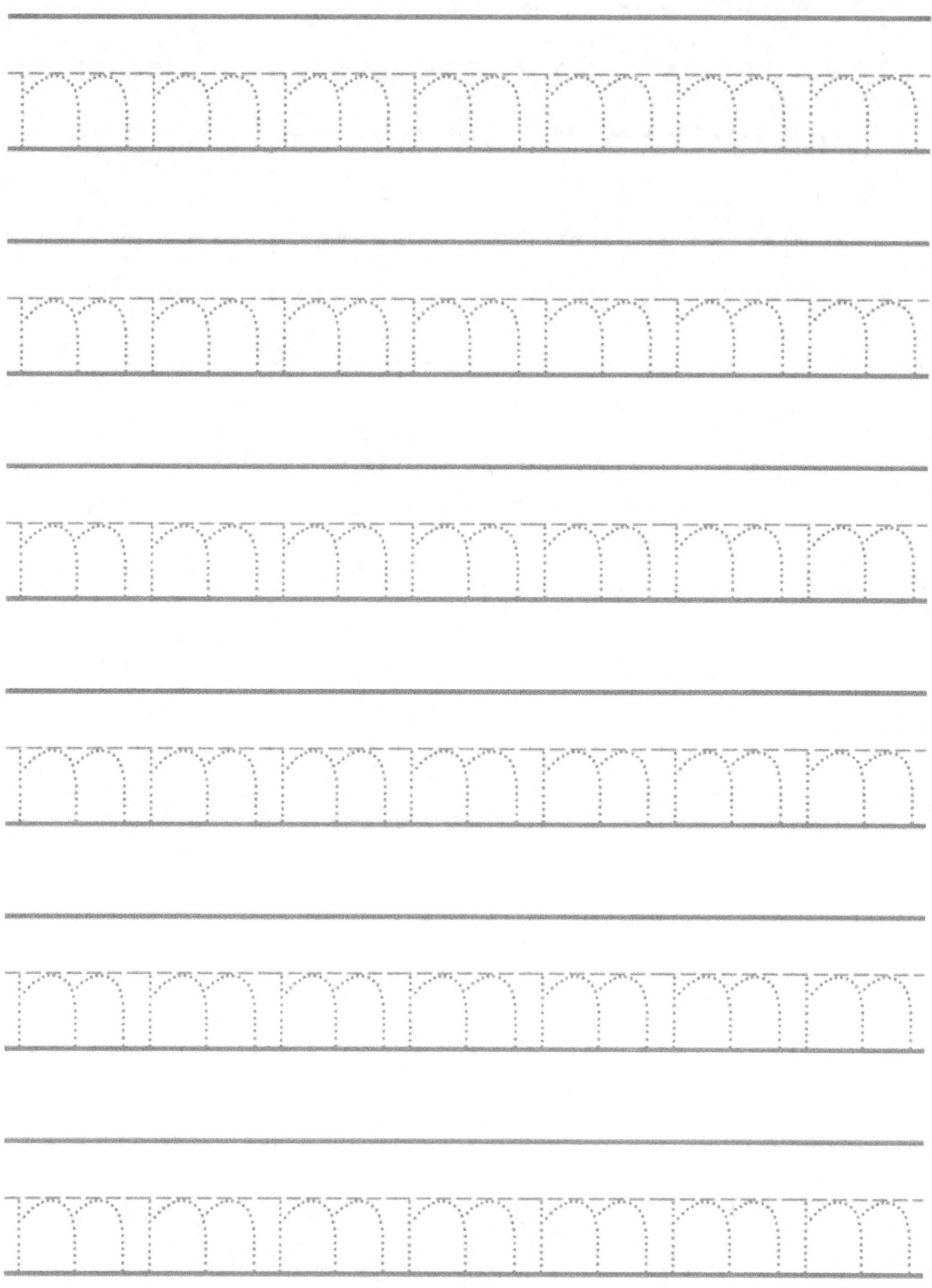

MRS CLAUS

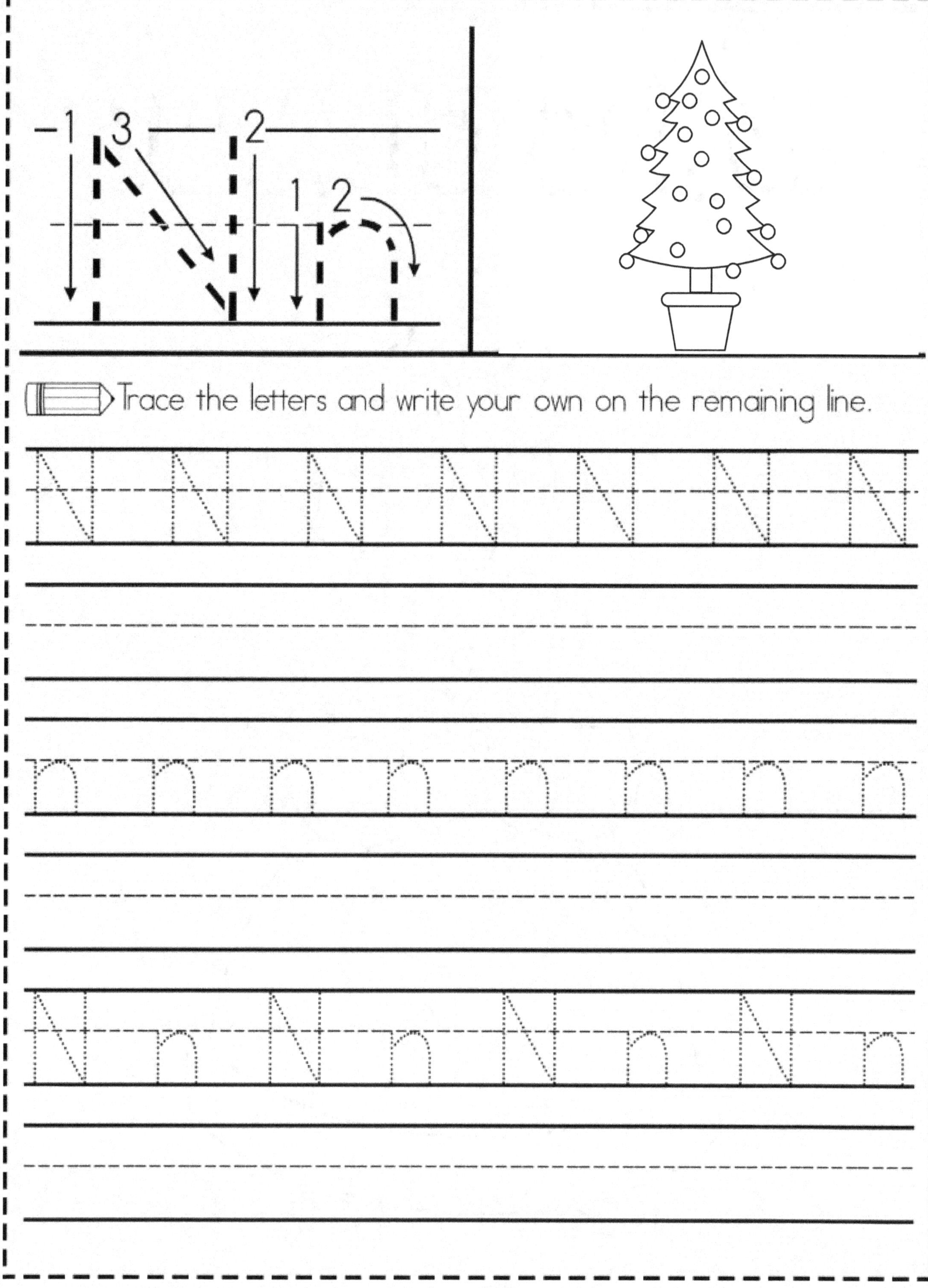

Trace the letters and write your own on the remaining line.

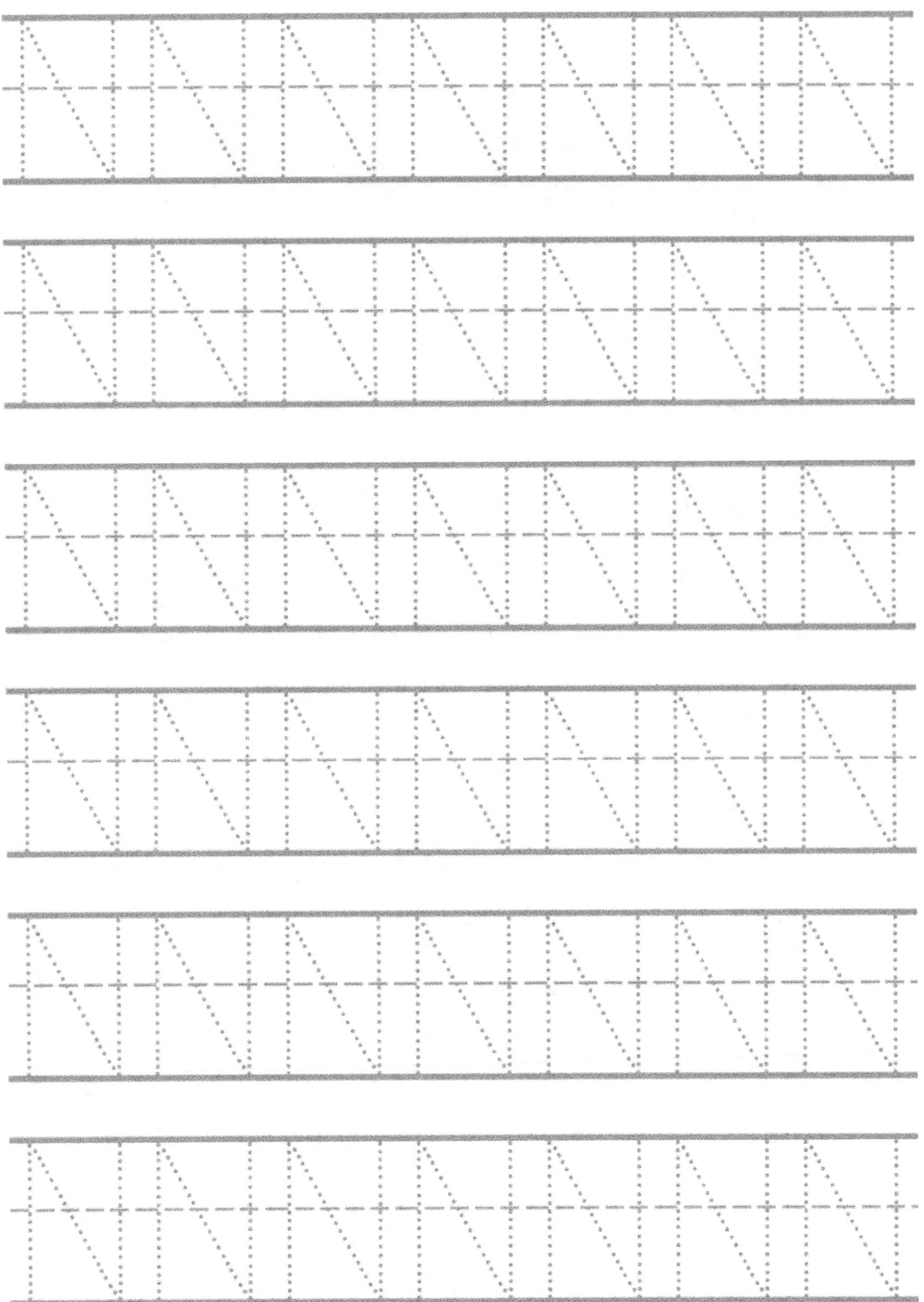

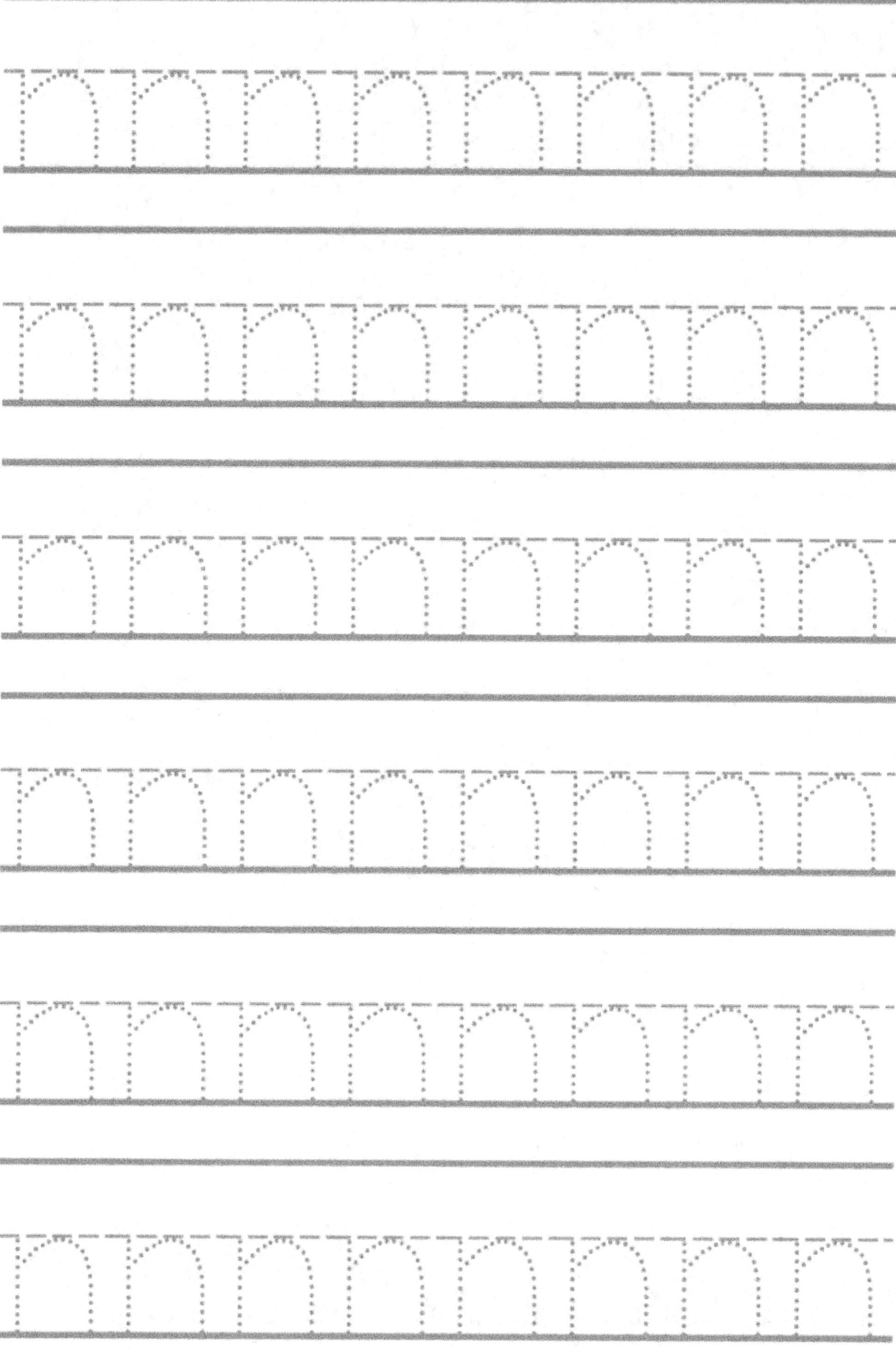

NUTCRACKER

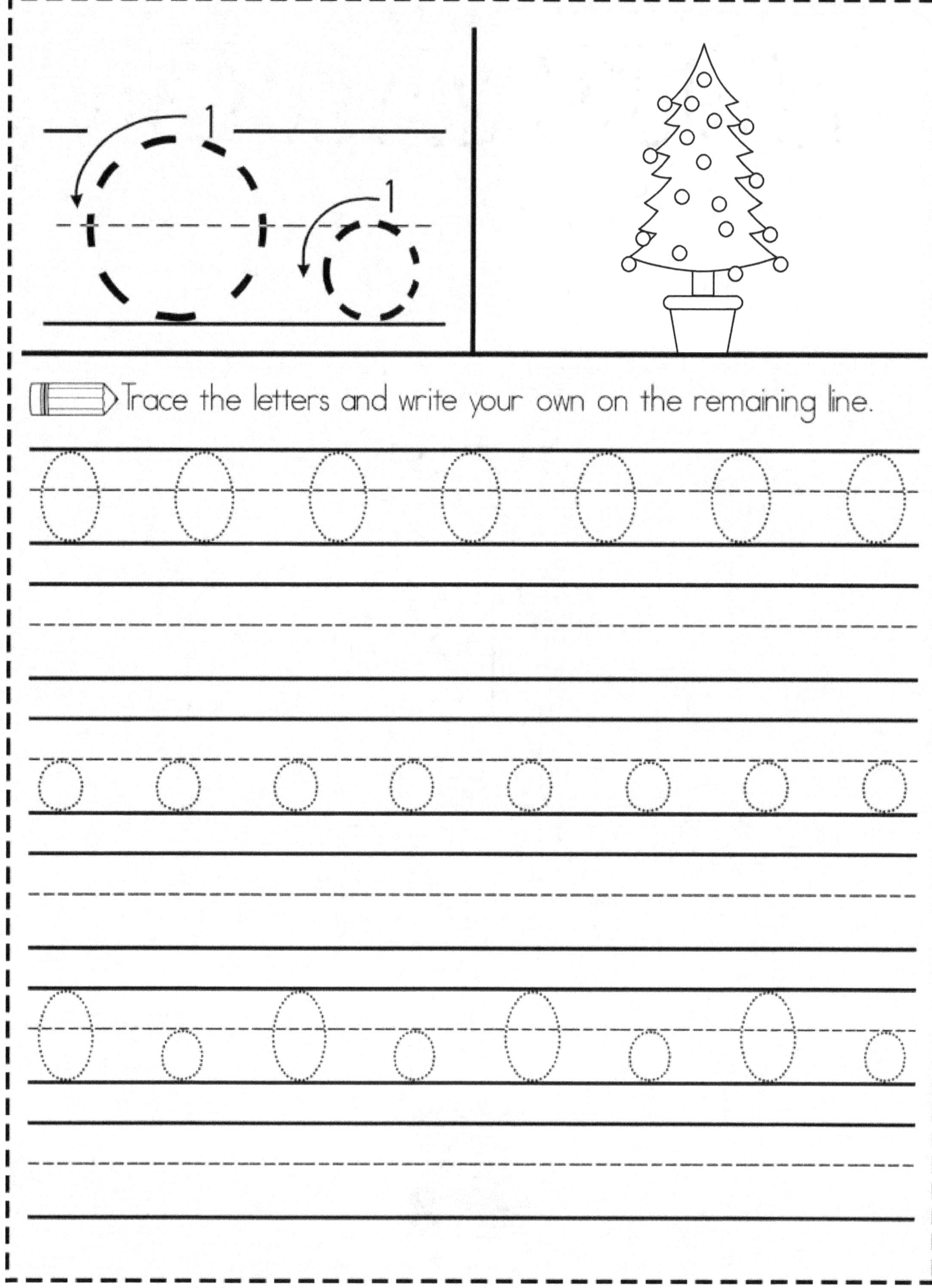

Trace the letters and write your own on the remaining line.

ORNAMENTS

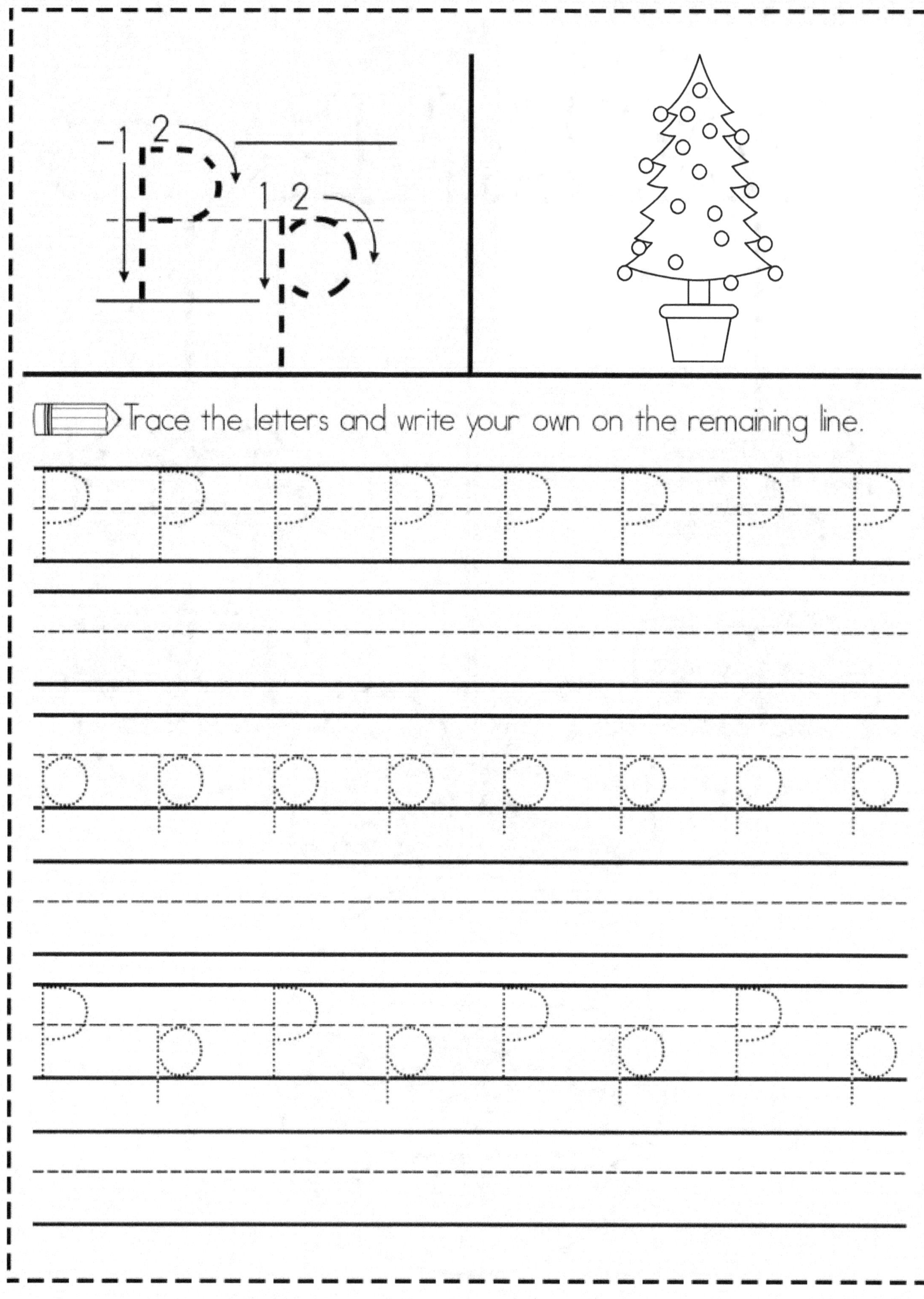

Trace the letters and write your own on the remaining line.

P P P P P P P

P P P P P P P

P P P P P P P

P P P P P P P

P P P P P P P

P P P P P P P

P P P P P P P

P P P P P P P

PRESENTS

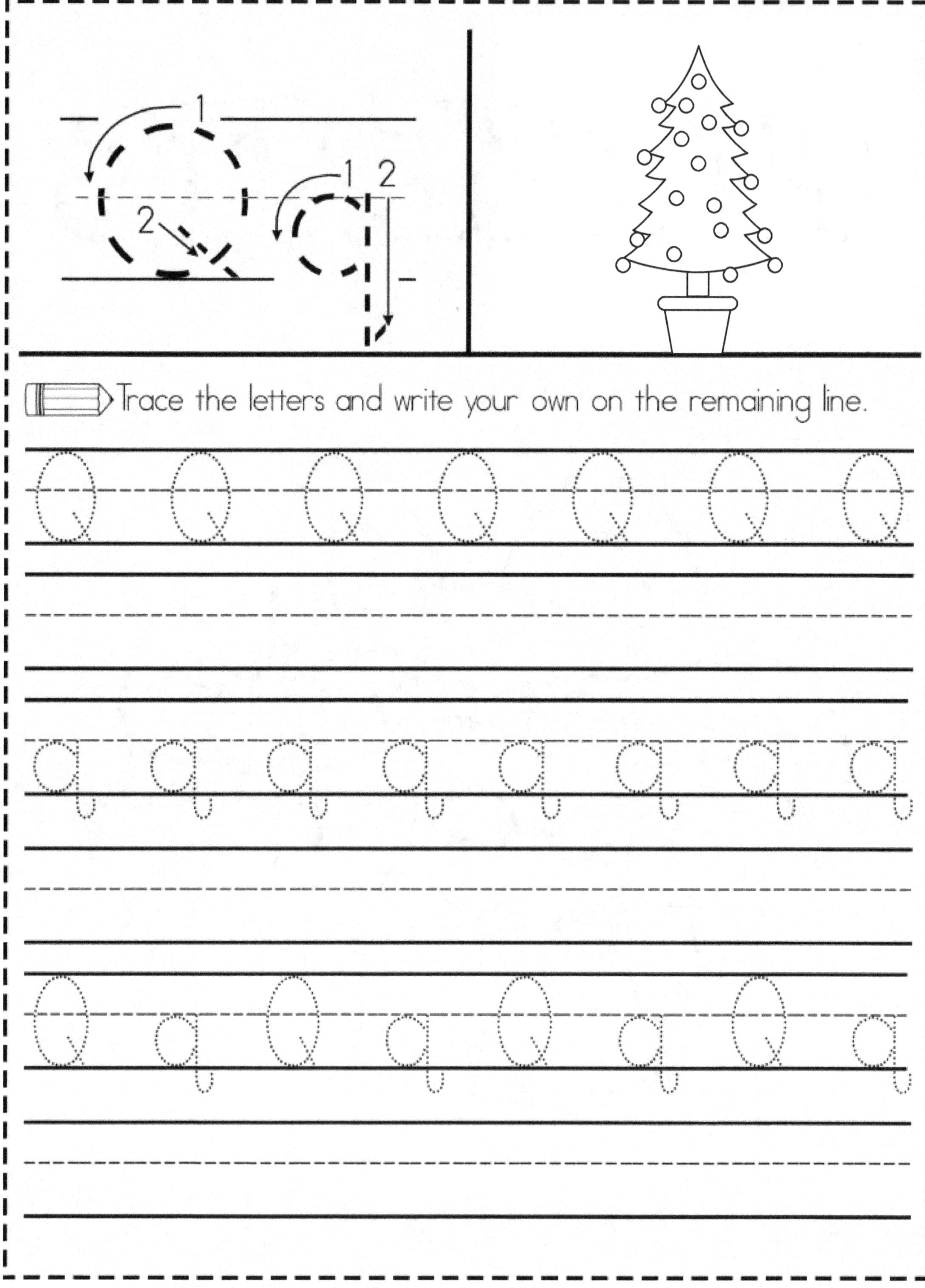

Trace the letters and write your own on the remaining line.

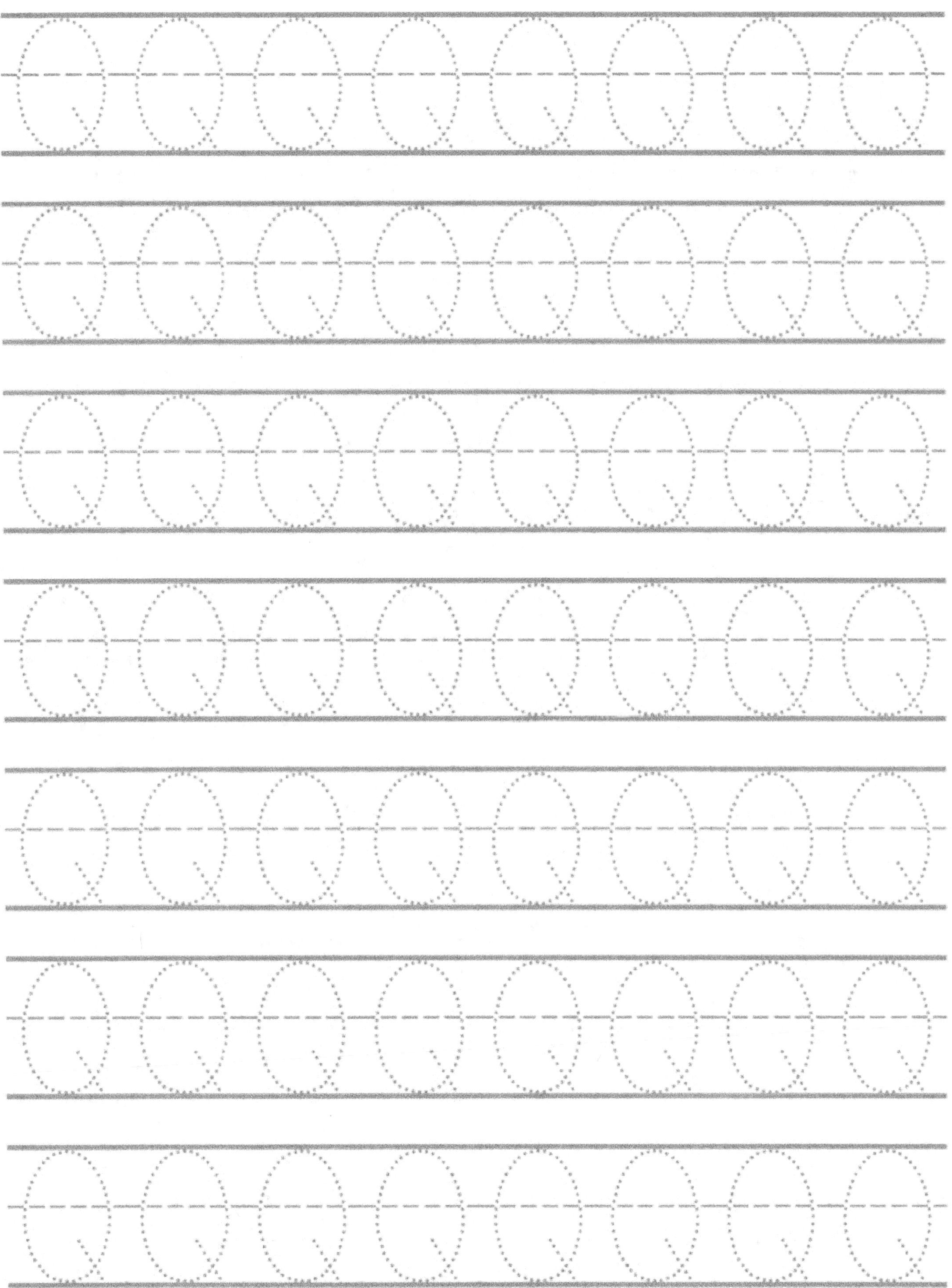

QUIET

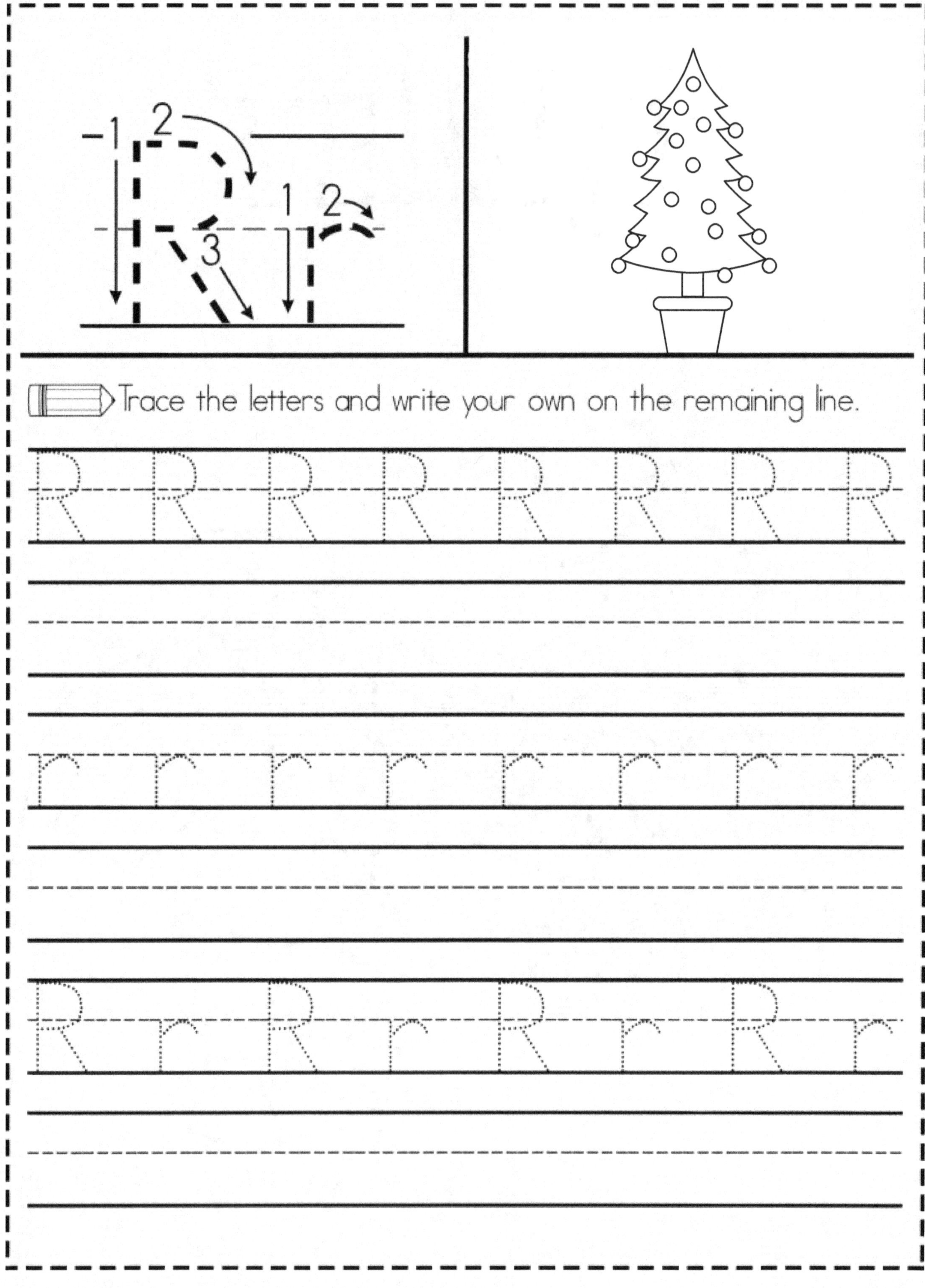

Trace the letters and write your own on the remaining line.

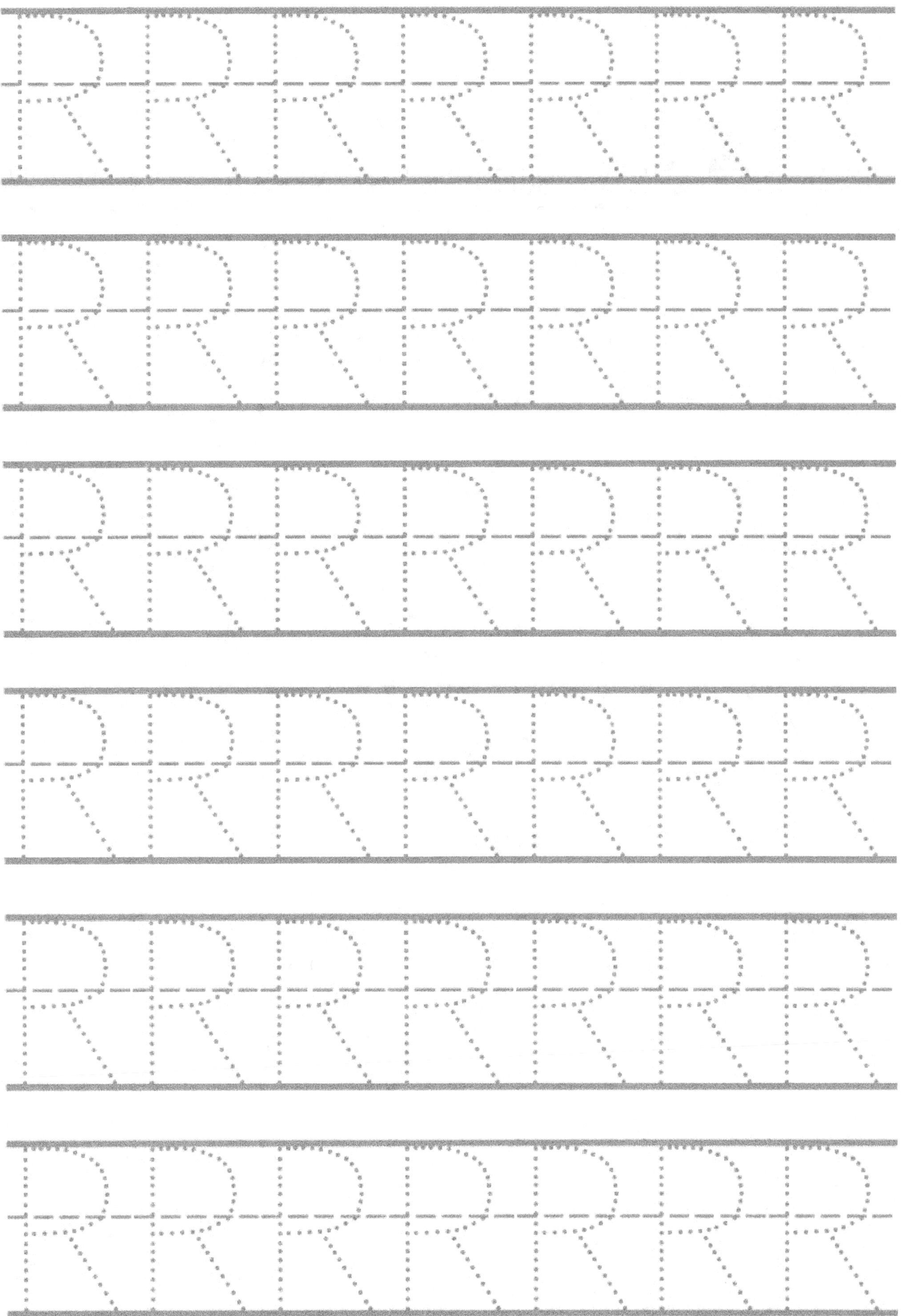

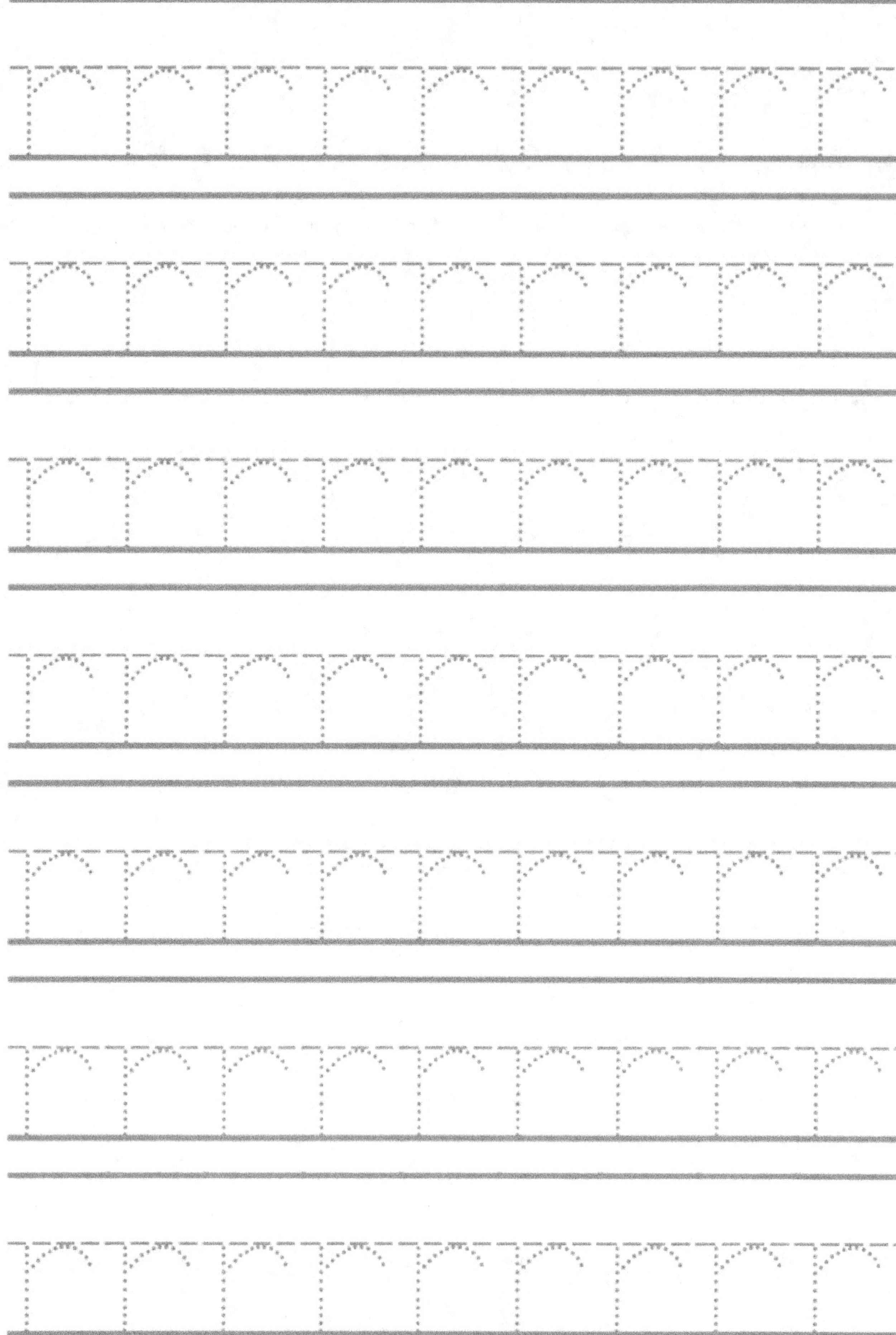

ROBBIN

Trace the letters and write your own on the remaining line.
S s s s s s s s
S s s s s s s s
S s s s s s s s

ROBBIN

Trace the letters and write your own on the remaining line.

s s s s s s s s

s s s s s s s s

s s s s s s s s

s s s s s s s s

s s s s s s s s

s s s s s s s s

S S S S S S S S

S S S S S S S S

S S S S S S S S

S S S S S S S S

S S S S S S S S

S S S S S S S S

SNOWMAN

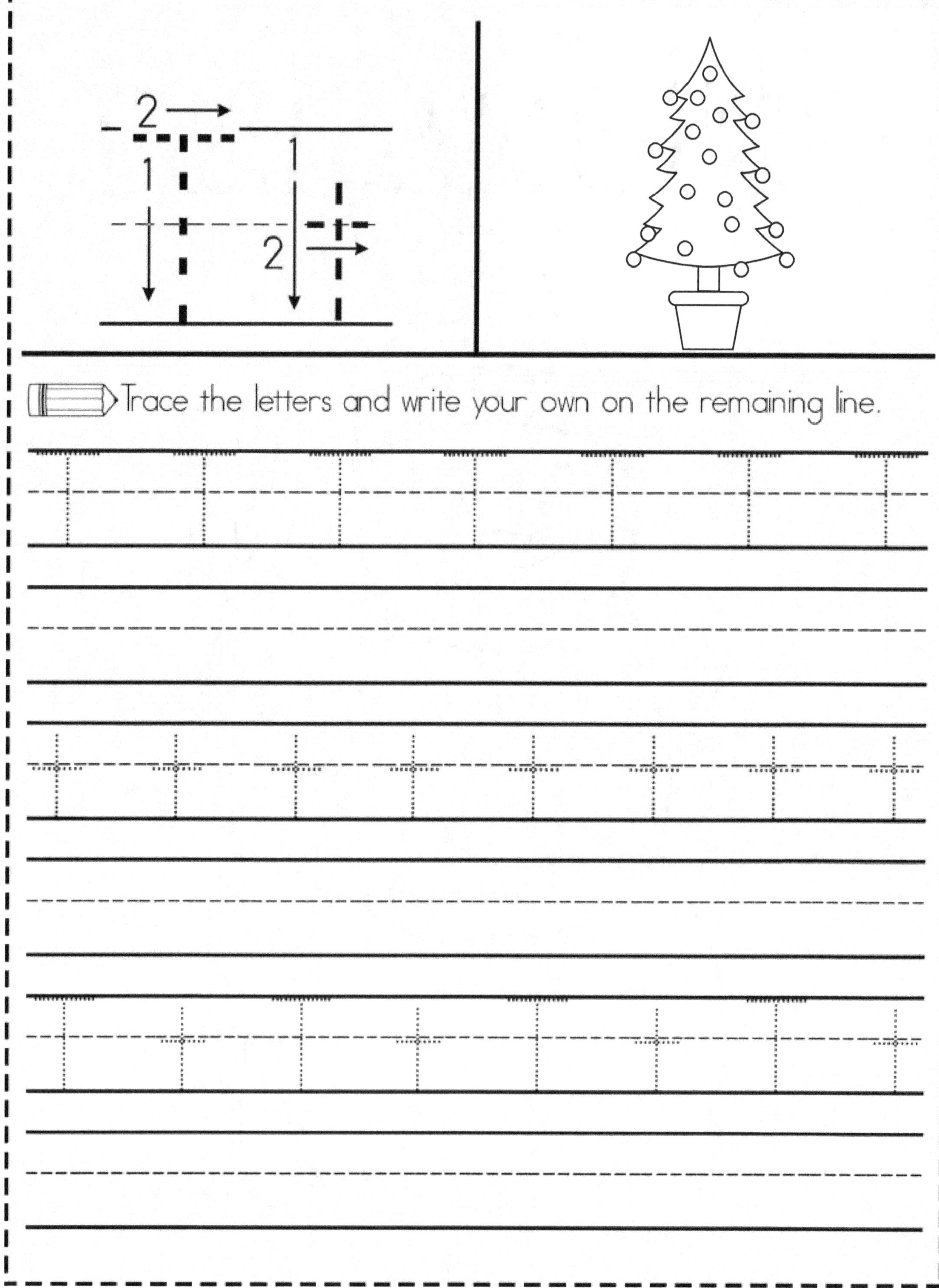

✏️ Trace the letters and write your own on the remaining line.

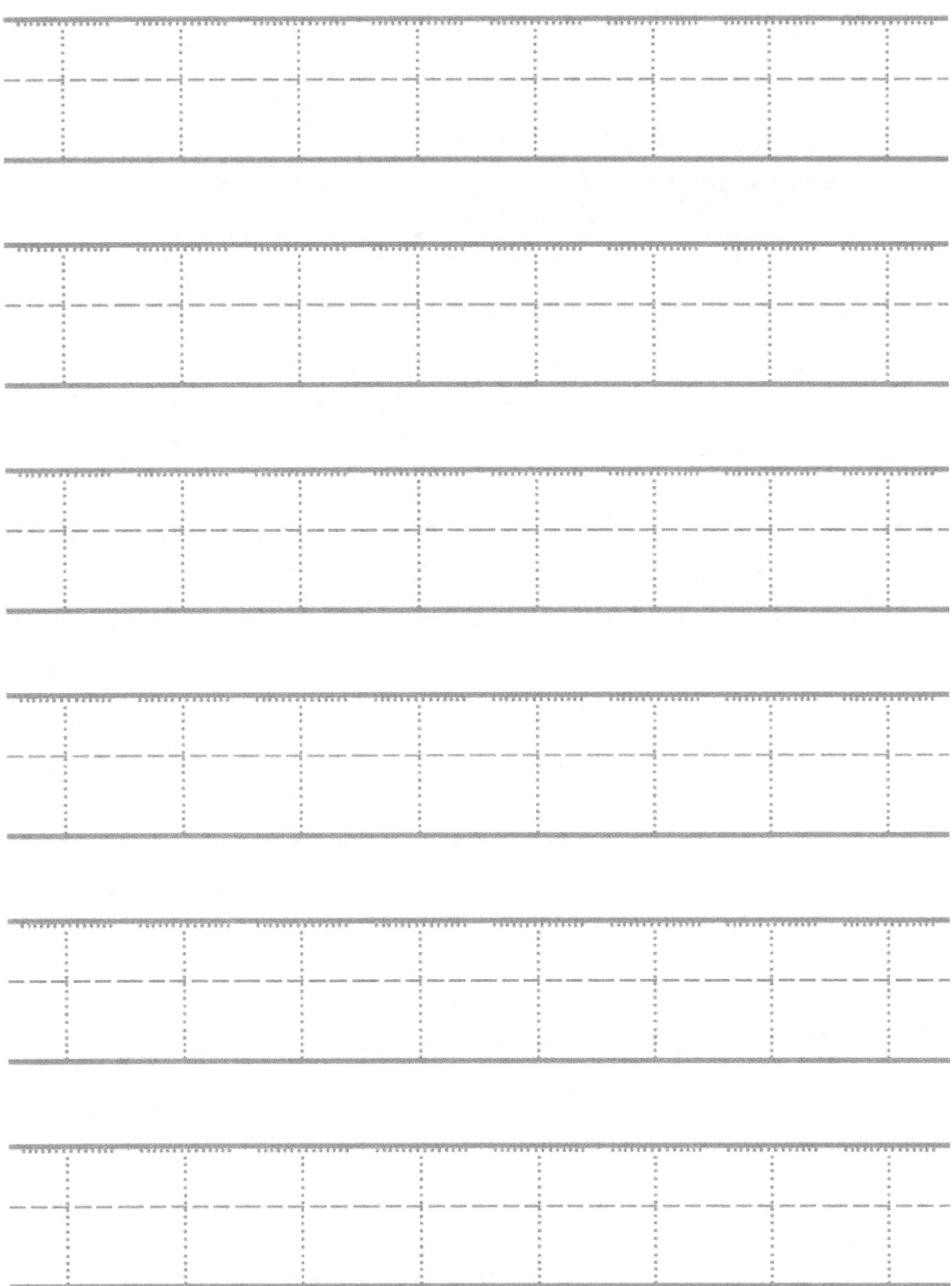

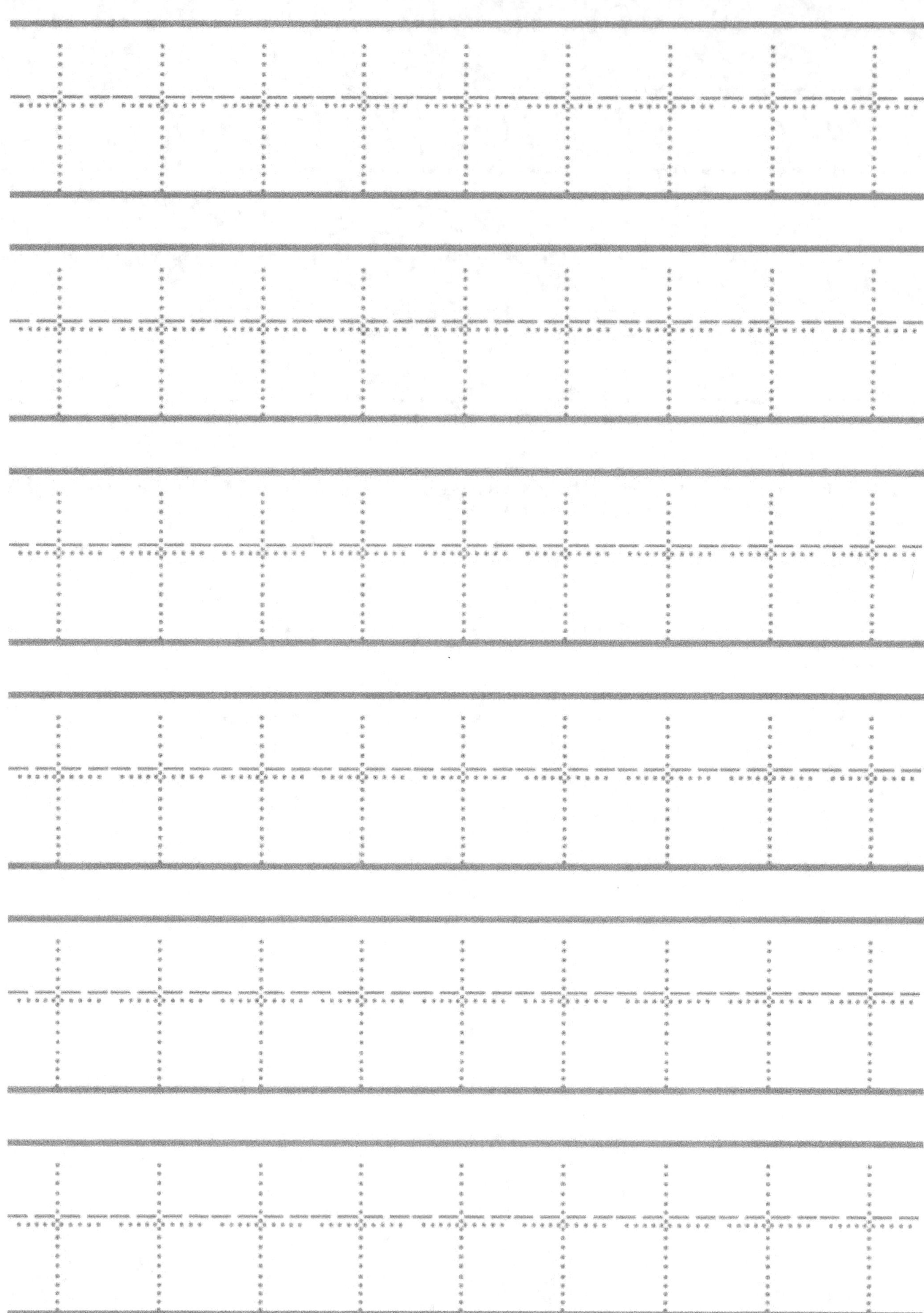

TREE

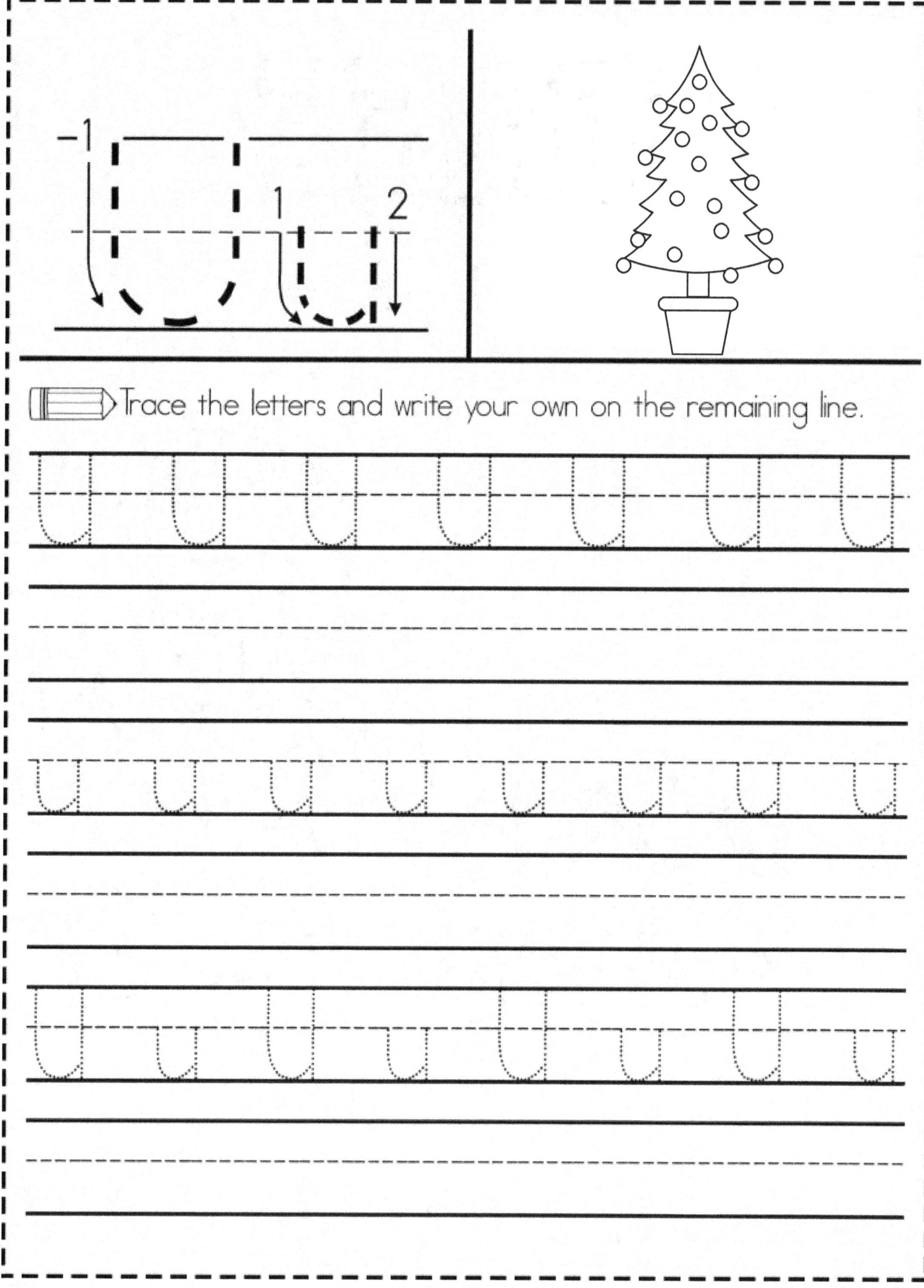

1
1   2
Trace the letters and write your own on the remaining line.

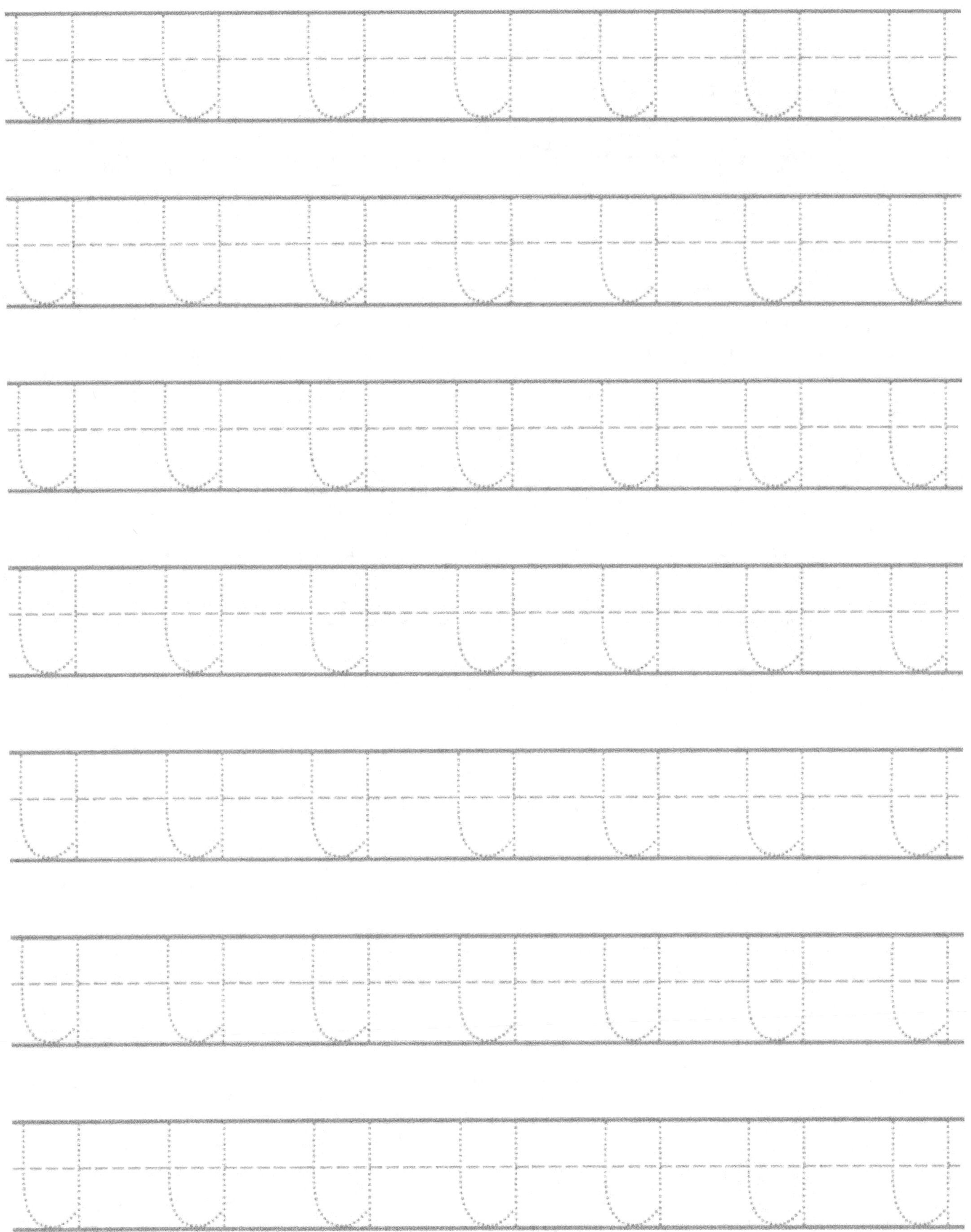

U U U U U U

U U U U U U

U U U U U U

U U U U U U

U U U U U U

U U U U U U

U U U U U U

UNDER THE TREE

1
2
1
2
Trace the letters and write your own on the remaining line.

VIXEN

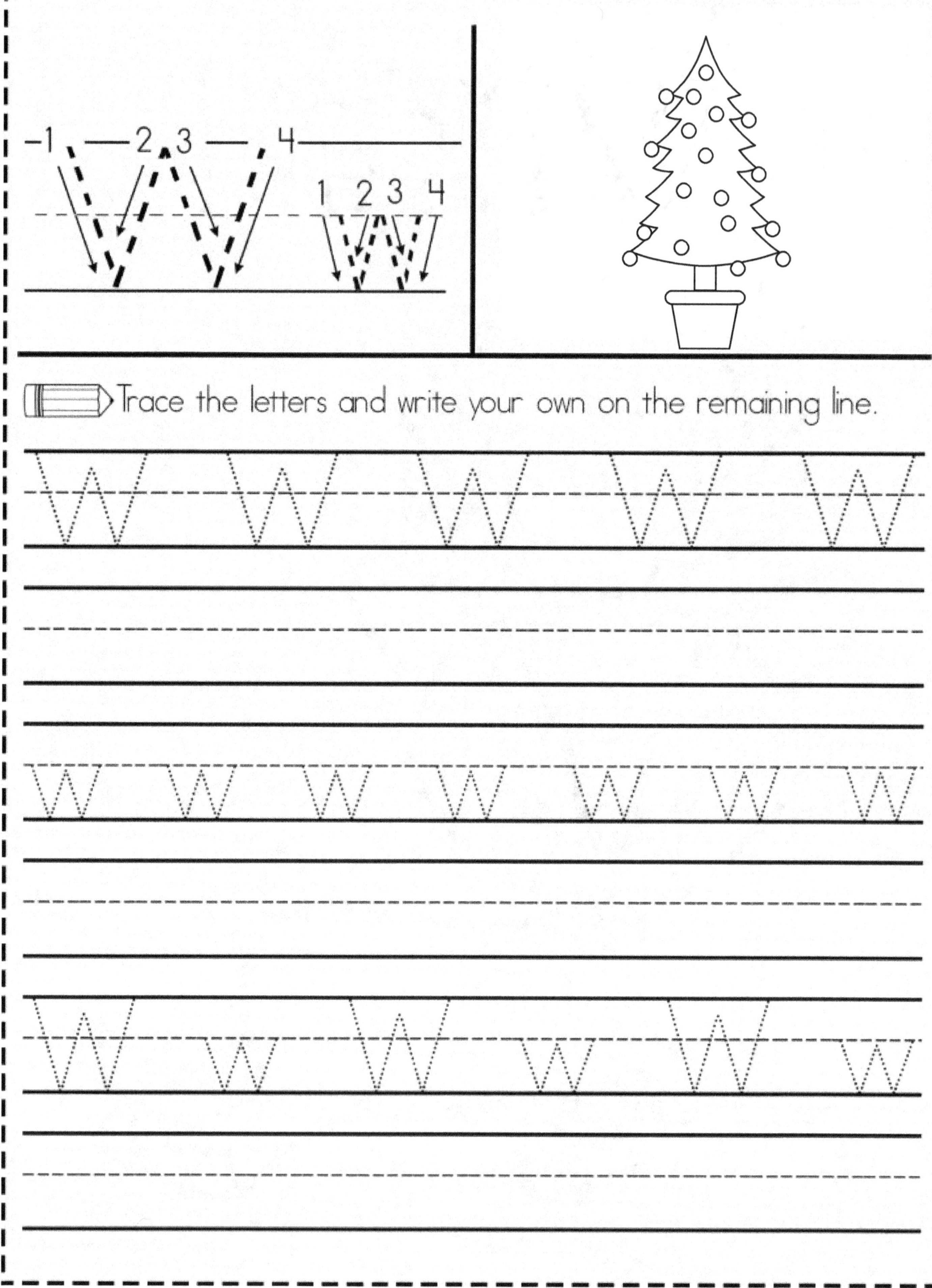

-1 -2 3 4
1 2 3 4
Trace the letters and write your own on the remaining line.

WREATH

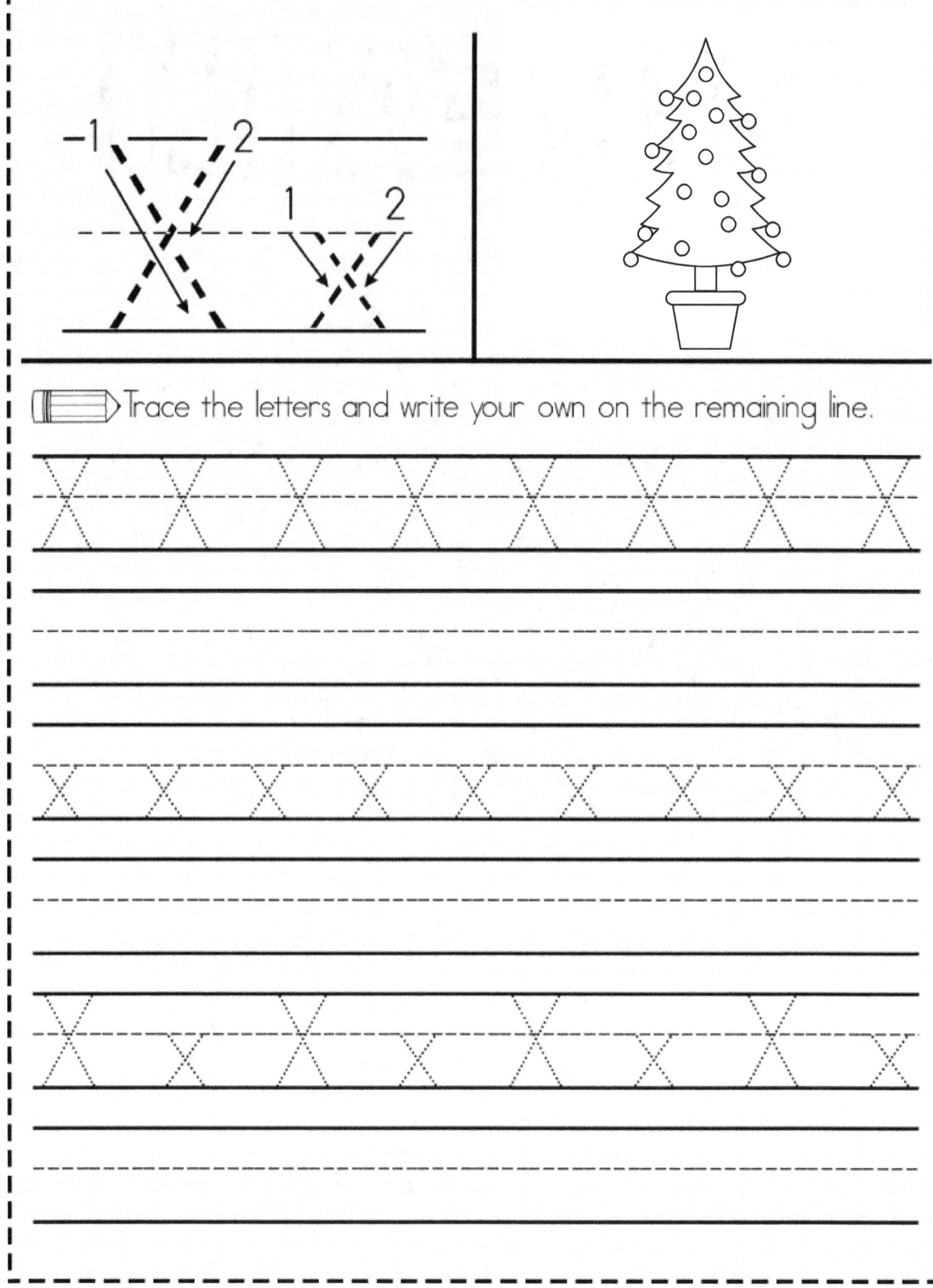

Trace the letters and write your own on the remaining line.

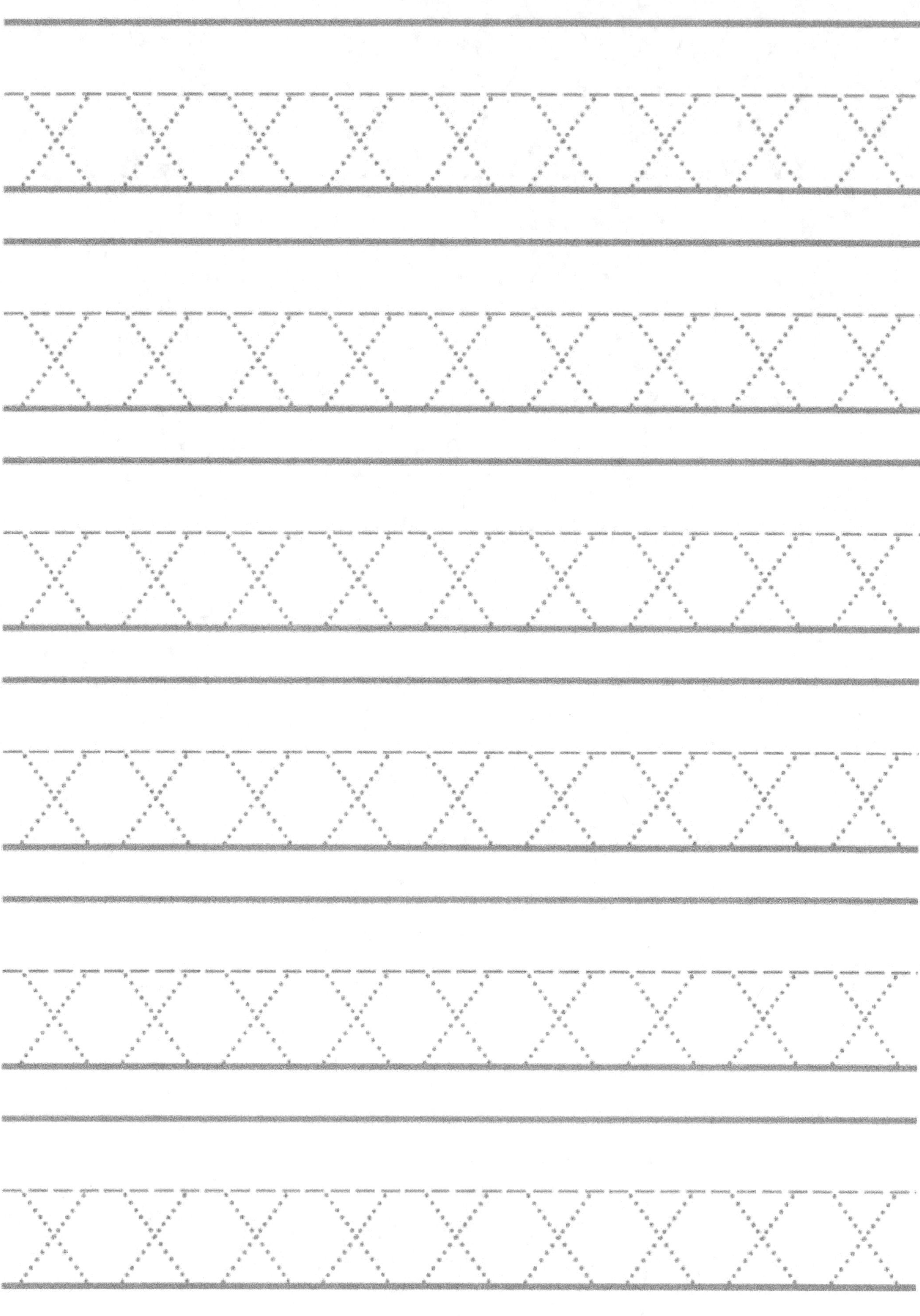

XMAS

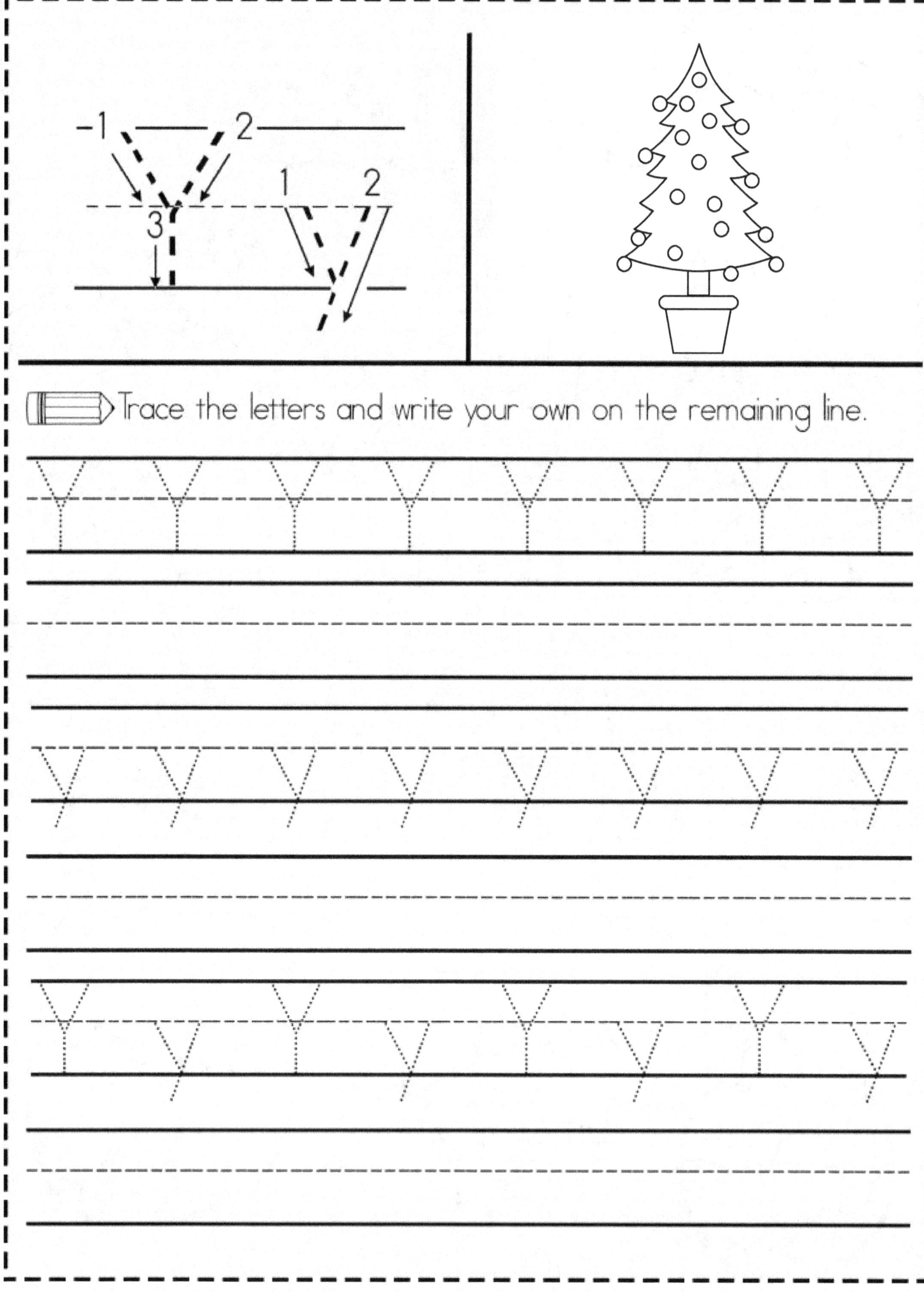

1 2
3
1 2
Trace the letters and write your own on the remaining line.

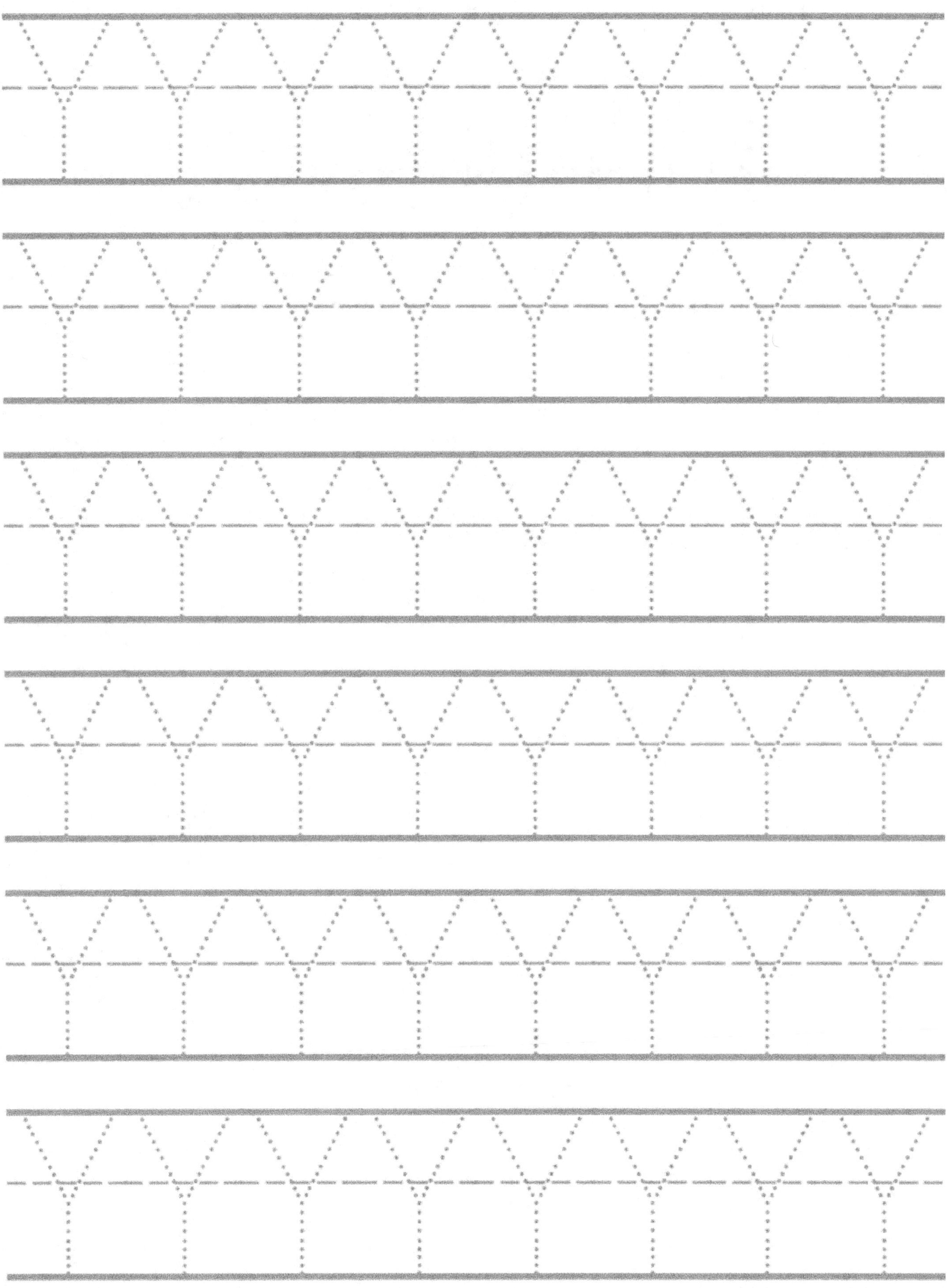

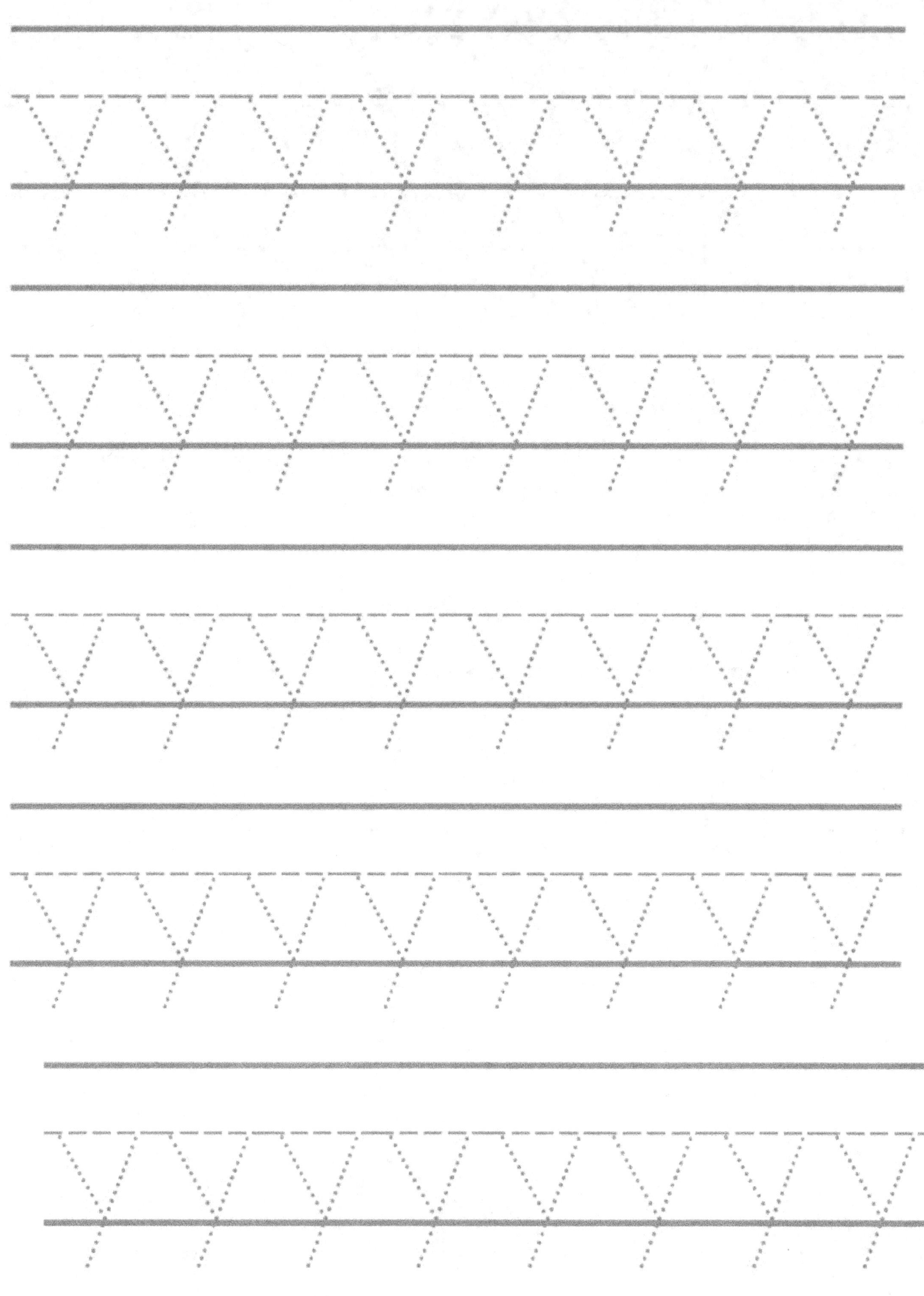

YULE LOG

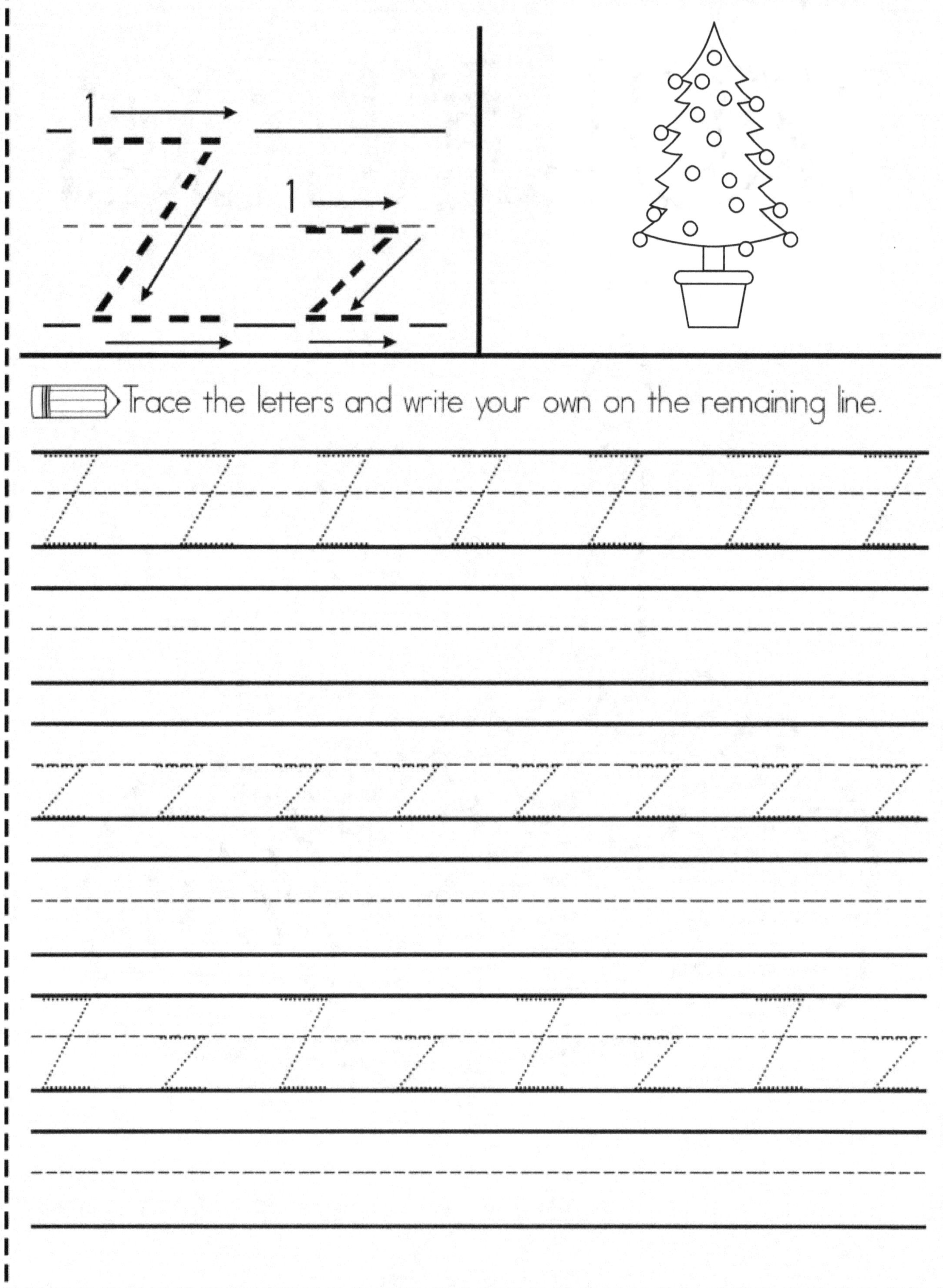

1
1
Trace the letters and write your own on the remaining line.

Zzzz....